Schwester M. Norberta

Hermann Wohlgschaft

Erfülltes Leben

Hermann Wohlgschaft

Erfülltes Leben

Was aber bleibt nach dem Tod?

echter

Dank

Mein besonderer Dank gilt Werner Kittstein, der wichtige Hinweise zur Literatur gegeben hat. Doris Gundel, Marianne Hermann, Jutta Laroche, Dr. Heinrich Schaab und Brigitte Wendl sei gedankt für das kritische Mitlesen des Manuskripts, Anni Eschenbach, Judith Jäger, Prof. Dr. Wolfram Kurz, Sigrid Pflug, Kyrilla Schweitzer und Gretl Uhl für die Beratung in wichtigen Details.

Günzburg, im Januar 2011
Hermann Wohlgschaft

Bibliografische Information der Deutschen Nationalbibliothek
Die Deutsche Nationalbibliothek verzeichnet diese Publikation in der Deutschen Nationalbibliografie; detaillierte bibliografische Daten sind im Internet über ‹http://dnb.d-nb.de› abrufbar.

www.echter-verlag.de
Umschlag: Peter Hellmund (Foto: shutterstock)
Satz: Hain-Team, Bad Zwischenahn (www.hain-team.de)
Druck und Bindung: Druckerei Friedrich Pustet, Regensburg
ISBN 978-3-429-03390-3 (Print)
ISBN 978-3-429-04548-7 (ebook)

Inhalt

Unsere Heimat ist im Himmel.
Philipper 3,20

Einführung

Der moderne Mensch, vor allem in Westeuropa, ist diesseitig orientiert. Das ökonomische Denken, der wirtschaftliche Profit bestimmen alle Lebensbereiche. Was zählt, sind der äußere Erfolg, die messbare Leistung. Erstrebt wird ein perfektes Leben oder zumindest eine sorgenfreie, möglichst lange währende Existenz. Zugleich herrscht die Tendenz, das Sterben zu verdrängen und alles zu überspielen, was an die Vergänglichkeit des Lebens erinnert.

Viele meinen, mit dem Tod sei das Leben beendet. Sie leben so, als ob mit dem Tod schon alles vorbei wäre. Folglich setzen sie, ausschließlich, auf irdische Werte – auf die Gesundheit, das berufliche Weiterkommen, die Sicherung der Altersrente.

Als Ideal gilt ein erfülltes Leben hier auf Erden. Erfüllt ist das Leben nach gängiger Überzeugung, wenn man es ›zu etwas gebracht‹ hat. Als erfüllt gilt das Leben, wenn man Ansehen und Wertschätzung gewonnen, wenn man effektiv gearbeitet und ein stattliches Vermögen erworben hat. Sein Lebensziel hat nach dieser Auffassung erreicht, wer sich im Wettbewerb durchsetzen konnte. Und vollends zu beneiden ist, wer obendrein eine (oder mehrere) glückliche Partnerbeziehung/-en gefunden und hochbegabte Kinder erzogen hat.

Tatsache ist jedoch, dass vielen oder den meisten Menschen *kein* erfülltes Leben zuteil wird. Aber auch im günstigsten Falle, wenn mein Leben aufs beste geglückt ist, bleibt doch zu fragen: Was geschieht mit mir, wenn meine Zeit zu Ende ist? Was *bleibt* nach dem Tod? Eine schöne Grabrede? Eine blumengeschmückte Urne, eine würdige Ruhestätte? Und, wenn es hochkommt, ein Ehrenplatz im Gedächtnis der Nachwelt? Und sonst weiter nichts?

1. Der Gottesgedanke

Manche glauben, dass es nach dem Tod irgendwie weitergeht. Ist dieser Glaube mit dem Verstand zu begründen? Da gibt es unterschiedliche Meinungen. Rein vom Verstand her gesehen bleibt die Frage nach dem ›Jenseits‹ wohl unentschieden. Also plädiere ich für die *Hoffnung* – auch im Anblick des Todes.

Ich vertraue sehr auf ein Fortleben nach dem Tod. Doch daraus ergeben sich drängende Fragen: Wie soll man sich ein ›Fortleben‹ nach dem Tode vorstellen? Geht alles so weiter wie bisher? Wird meine ›Seele‹ sich neu verkörpern, in einer Kette von ›Wiedergeburten‹? Löst mein ›Ich‹ sich am Ende auf – in eine Art ›Weltgeist‹, in ein nivellierendes Einheitsgefüge? Oder könnte es ein *persönliches*, ein individuelles Leben auch jenseits des Todes geben? Darf ich hoffen, dass *meine* besondere Lebensgeschichte im Tode erfüllt, d.h. bewahrt und vollendet wird?

Als Christ plädiere ich, in Verbindung mit dem Gottesgedanken, für die *personale* Jenseitshoffnung. Doch welche Konsequenzen hat der Glaube an Gott? Und welche Konsequenzen hat die persönliche Jenseitserwartung? Läuft sie auf eine Geringschätzung, eine Abwertung des irdischen Lebens hinaus? Oder wird das jetzige Leben, im Gegenteil, durch die personal verstandene Jenseitshoffnung entscheidend aufgewertet?

Was erwartet uns, wenn wir sterben? Die kirchliche Tradition, die katholische Dogmatik spricht von den ›Letzten Dingen‹, vom ›Purgatorium‹ (›Fegefeuer‹), von der ›Hölle‹, vom ›Jüngsten Gericht‹ und vom ›Himmel‹. Ich halte diese Rede noch immer für sinnvoll, bin aber der Meinung, dass sie neu interpretiert werden muss.

Nach christlicher Auffassung ist das Ziel des menschlichen Lebens der Himmel, d. h. die Vereinigung des Menschen mit Gott. Wichtig ist mir freilich die Frage: Was *meinen* wir, wenn wir ›Gott‹ sagen? Ist Gott der Erfüllungsgehilfe unserer Wünsche und Sehnsüchte? Oder ist Gott ein schweigendes, unsagbares Mysterium? Oder ist Gott eine ›sprechende‹, eine ›personale‹ Wirklichkeit, die in der Schöpfung *anwesend* ist und zugleich die Welt transzendiert?

Dürfen wir, angesichts des Elends in der Welt, an Gottes Weisheit und Liebe glauben? Oder ist Gott so ungeheuer groß, so übermächtig, dass wir kleinen Menschlein in ihm verschwinden müssen – wie die Tropfen, die sich auflösen im Meer? Oder geht die unbegreifliche Gottheit zu jedem Einzelnen eine liebevolle *Beziehung* ein? Und könnte eine solche – gottmenschliche – Liebesbeziehung für die individuelle Person eine unendliche Hoffnung begründen? Eine Perspektive, eine Verheißung über den Tod hinaus?

2. Wohin mit meiner Trauer?

Der Tod wird nicht erst zum Thema, wenn ich selbst im Sterben liege oder schwer erkrankt bin. Er trifft mich gerade auch dann, wenn *andere* sterben, z. B. meine Partnerin, mein Kind, meine Eltern, ein nahestehender Freund. Wohin dann mit meinem Schmerz, meiner Trauer?

Es geht nicht nur um *mein* Überleben, es geht mindestens ebenso um das Weiterleben der *anderen*. Wichtig ist mir folglich die Frage: Schließt der Gottes- und Jenseitsgedanke eine wie auch immer geartete himmlische Wiederbegegnung mit anderen *Menschen* (oder auch Tieren) ein? Mit Personen, die ich geliebt habe und von denen ich besonders geliebt wurde? Vielleicht auch mit Menschen, die ich verletzt habe oder von denen ich verletzt worden bin?

Wird es im Himmel eine Gemeinschaft *aller* geschaffenen Wesen geben? Wie könnten wir uns dies vorstellen? Was sagt die Bibel, was sagt die christliche Theologie dazu? Was sagen Philosophen und Naturwissenschaftler?

Vielleicht könnten uns auch Künstler und Dichter aus verschiedenen Epochen – Autoren wie Eichendorff oder Rückert, Hauptmann oder Hesse, Andres oder Aichinger – weiterhelfen.

3. Damit das Leben kostbar wird

Auch wenn es oft verdrängt wird – wir *wissen*, dass wir sterben müssen. Vielleicht ist es gerade dieses Wissen um den Tod, das uns Menschen von den Tieren unterscheidet. Noch nie freilich hat die Menschheit den Tod so richtig akzeptiert. Immer hat es Frauen und Männer – und Kinder – gegeben, die eine Hoffnung hatten über den Tod hinaus: in einer Leidenschaft, die sich mit dem Tod nicht abfinden will.

In einer Kurzgeschichte wird erzählt: Ein Vater geht mit seinem Sohn spazieren. Da sieht der kleine Junge einen leblosen Vogel in der Hecke liegen. Er fragt, warum sich der Vogel nicht bewegt.

Vater: Der Vogel ist tot.

- Tot? Was ist das? So wie kaputt? Kann man den nicht wieder heil machen?
- Nein, sagt der Vater, das ist so. Alles, was lebt, endet einmal so. Alles muss einmal sterben.

– Alles, was lebt? Auch die Menschen?
– Ja, auch wir Menschen.
– Auch du und Mutti?
– Auch wir.
– Ich aber nicht!
– Doch, du auch. Hoffentlich nach einem langen, erfüllten Leben, in hohem Alter, aber auch du musst einmal sterben.

Der Junge ist still, sieht den Vogel an und denkt nach. Er fragt: Warum ist das so?
– So hat Gott seine Welt gemacht.
– Warum?

Da denkt nun der Vater lange nach, wie er jetzt Antwort geben kann. Warum hat Gott die Sterblichkeit zugelassen? Schließlich sagt er, mehr zu sich selbst als zu seinem Sohn: Damit das Leben kostbar wird. Wenn es kein Ende hätte, wäre es nicht kostbar. Alles, von dem du unendlich viel hast, ist wertlos. Wert bekommen die Dinge erst durch ihre Endlichkeit.[1]

Eine zum Nachdenken einladende Geschichte, deren Schlusswendung auf den ersten Blick einzuleuchten scheint. Die Frage ist nur: Kann das Sterben eines Menschen dasselbe sein wie das Verenden eines Vogels? Können wir mit dem Tod etwa des eigenen Kindes oder des Lebenspartners in ähnlicher Weise umgehen wie mit dem Ableben einer Katze? Ist die Begrenztheit, die totale Endlichkeit des Lebens, wirklich die Voraussetzung für seine Kostbarkeit? Gibt es keine österliche Perspektive, keinen Ausblick über das Sterben hinaus?

Die Religionen geben unterschiedliche Antworten. Bei aller Wertschätzung für die Weltreligionen bevorzuge ich die biblische Rede von der ›Auferstehung der Toten‹. Der christliche – katholische wie evangelische – Glaube jedenfalls vermittelt eine Sinndeutung des Sterbens und des Todes, die dem Menschen zwar das Trauern nicht erspart, die bei der Trauer aber nicht stehenbleibt. Denn der Sterbeprozess wird nicht als Ende, sondern als erfüllende Verwandlung, als Durchgang zu größerem Leben verstanden. So heißt es in einer Präfation, der Vorrede zum Hochgebet, der Totenmesse: »Deinen Gläubigen, o Herr, wird das Leben gewandelt, nicht aber genommen. Und wenn die Herberge der irdischen Pilgerschaft zerfällt, ist uns im Himmel eine ewige Wohnung bereitet.«

Der Tod ist des Menschen
bester Freund,
der wahre Schlüssel
zu unserer Glückseligkeit.
Wolfgang Amadeus Mozart

Kapitel I
Kontroverse Einstellungen zum Tod

Der Glaube an einen lebendigen Gott und ein persönliches Fortleben nach dem Tod ist zutiefst in der Menschheitsgeschichte verankert. Umstritten aber war dieser Glaube wohl immer schon. Etwa im Alter von vierzehn Jahren hat mich die folgende Romanstelle zum Nachdenken gebracht:

»Effendi, glaubst du an Gott?«
Ich erschrak fast, als diese seine Frage so plötzlich und unvorbereitet durch die tiefe Stille klang.
»Ja«, antwortete ich nur mit diesem einen Worte.
»Ich nicht!«
Welch schweren Druck dieses »Ich nicht« hatte! (...)
»Warum nicht?« fragte ich ihn nach einer kleinen Weile.
»Weil ich nicht an einen Gott glauben kann, welcher mir nichts als Ungerechtigkeiten erwiesen hat.«[2]

In Karl Mays Erzählung ›Im Reiche des silbernen Löwen‹ (1898) finden wir diese Passage. Der Dialog unterbricht, jäh und unvermittelt, die Handlung des Abenteuerromans. In existenzieller Dringlichkeit kreist das Zwiegespräch um die uralten Fragen nach Gott und der zwischenmenschlichen

Liebe – angesichts der Erfahrung von Leid und unverständlichem Tod.

1. Letzte Fragen

Die Frage nach dem Sinn des Lebens stellt wohl jeder vernünftige Mensch. Diese Frage aber ist nicht zu trennen von der Frage nach dem Sinn des Todes. Schon in altertümlichen Mythen, z. B. in der Sage von Orpheus und Eurydike, wird verdeutlicht: Alles, was das Leben reich macht und schön, vor allem die *Liebe*, wird in Frage gestellt durch den Tod. Aus diesem Grund hat Platon die Philosophie als ein Nachdenken über den Tod bezeichnet.[3] Doch die Ergebnisse dieses Nachdenkens waren vielfältig und kontrovers.

Im Sommer 2009, als meine Mutter im Sterben lag, sah ich mich mit der Hinfälligkeit des Lebens sehr schmerzlich konfrontiert. Ich fragte mich sogar: Hat der Tod, mit Ernst Bloch gesprochen, »eine Art rückwirkend entwertende Kraft«?[4] Wertet er ab, was im Leben so kostbar und gut war? Ist er das Ende des individuellen Bewusstseins? Oder ist er ein Übergang, ein neuer Beginn?

Ist der Tod, wie es bei Paulus im 1. Korintherbrief heißt, des Menschen »letzter Feind« (1 Kor 15,26)? Oder ist er, wie Mozart an seinen Vater schrieb, des Menschen »bester Freund«, der »wahre Endzweck unseres Lebens«, der »Schlüssel zu unserer wahren Glückseligkeit«? Was wird aus mir, wenn ich gestorben bin? Falle ich im Tod – so die Sterbeforscherin Renz – »ins Nichts oder in eine Fülle? Ist Sterben ein Fallen? Ist es ein Aufsteigen, Ableben oder Heimkehren?«[5]

Der Tod bzw. das Sterben bleibt für uns Lebende ein Mysterium. Das *Fragen* aber kann uns niemand verwehren. Trennt der Tod uns von allem, was uns auf Erden wichtig erschien? Oder wird unsere Lebensgeschichte bewahrt in der Ewigkeit Gottes? Gibt es – wie die Schriften des Neuen Testamentes versichern – eine Lebenskraft, die uns hält und im Sterben noch trägt?

Was darf ich erhoffen? Werde ich jenseits des Todes *erwartet* von einem Du? Stirbt mein Ich in ein Du hinein? In eine Liebe, die mich umfängt? Ist der Tod eine Gottesbegegnung? Eine Chance des Nachreifens, der Ganzwerdung? Ein tieferer Einblick in Gut und Böse? Die Erfahrung eines umfassenden Verstanden- und Geliebtseins?

Die Fragen nach dem Sinn und dem Wesen des Todes bündeln sich, m. E., in der Gottesfrage. Auf die Fragen nach Gott und dem Sinn des menschlichen Sterbens gab es seit jeher und gibt es bis heute sehr verschiedenartige Antworten.[6] Ein dem ›Zeitgeist‹ entsprechender Trend ist freilich nicht zu verkennen: Als Vollendungsweg zu Gott sieht den Tod heute nur eine Minderheit an. Anders als im Mittelalter wird der Tod heute weithin, besonders in der westlichen Welt, als bloßes Ende verstanden, nicht als Brücke zu einem letzten und eigentlichen Ziel und schon gar nicht als Weg zu Gott.

2. Keine Lust auf Ewigkeit

Nach einer EMNID-Umfrage aus dem Jahr 1997 glauben 53 % der befragten Deutschen, dass mit dem Tod wahrscheinlich »alles aus« ist. Mit der Vorstellung einer ›Seelenwanderung‹ können sich mehr als ein Viertel der Befragten irgendwie anfreunden, exakt die Hälfte der Deutschen lehnt die ›Reinkarnation‹ jedoch ab.[7]

Da zu undifferenziert gefragt wird, ist der Erkenntniswert solcher Umfragen allerdings eher gering. Bedeutsamer erscheinen mir die einschlägigen Texte der Dichtkunst, von der Antike bis zur Gegenwart.[8]

Das Pochen auf die rein diesseitige Lebenserfüllung und, damit verbunden, der Zweifel an Gott – bzw. einem persönlichen Weiterleben nach dem Tod – kamen nicht erst im Zuge der Religionskritik des 19. Jahrhunderts auf. Die übermäßige Betonung des irdischen Glücks (bzw. Unglücks) und die, mehr oder weniger ausgeprägte, Resignation angesichts des Todes hat in der europäischen Geistesgeschichte eine weit zurückreichende Tradition.

In Homers ›Odyssee‹ z. B. gibt es zwar Götter und auch eine Unterwelt. Aber im Totenreich zu wandeln ist in der Dichtung Homers keine verlockende Aussicht. Auch Euripides sah in seinem Trauerspiel ›Alkestis‹ den Tod als trostlos, als »den Menschen feindlich« und als »verhasst den Göttern«[9] an. Sogar den Zweifel am Götterglauben überhaupt lassen die Tragödien des großen Atheners schon deutlich erkennen.

Der griechische Philosoph Epikur nun gar verweigerte jedes ernsthafte Nachdenken über den Tod mit dem Spruch: »Der Tod geht uns nichts an. Denn solange wir sind, ist der Tod nicht, und wenn er da ist, sind wir nicht mehr da.«[10] In der Nachfolge Epikurs wollte der Religionskritiker Lukrez – in seinem Werk ›De rerum natura‹ – die Angst vor dem Tod gerade dadurch besiegen, dass er die Existenz der Götter verneinte. Er empfahl anstelle der Religion den Genuss des Lebens. Das Sterben betrachtete er als naturales Geschehen, das akzeptiert werden müsse.

Die Leugnung des Jenseitsgedankens kann auf Resignation und Verzweiflung zurückgehen. Sie kann aber auch andere Beweggründe haben. Ein mögliches Motiv des Atheismus war – und ist – die ›Treue zur Erde‹ (Nietzsche): also die unbedingte Lust am Dasein sowie der Kampf gegen die Religion, die die Erfüllung des Lebens ins Jenseits verlagere und somit das Engagement für die Verbesserung der *irdischen* Verhältnisse unterbinde.

Insbesondere Ludwig Feuerbach steht für diese Denkweise. Weithin bekannt ist Feuerbachs Diktum: »Der Zweck meiner Schriften ist: die Menschen aus (...) Kandidaten des Jenseits zu Studenten des Diesseits, aus religiösen Kammerdienern (...) zu freien, selbstbewußten Bürgern der Erde zu machen.«[11] In seinen ›Gedanken über Tod und Unsterblichkeit‹ (1830) begründete er die Zweifel des 19. Jahrhunderts an der Wirklichkeit Gottes und an der Realität eines Jenseits.

Unter dem Einfluss Feuerbachs fanden Dichter wie Gottfried Keller oder Theodor Storm zum Jenseitsglauben wohl keinen Zugang. In seinen Erzählungen sah Keller die Menschen zwar keineswegs mit der seelenlosen Schärfe eines kalten Beobachters. Der Poet sah sie mit liebevollem Blick und mit nachsichtigem Humor. Doch das ›ewige Leben‹ spielte kaum eine Rolle in seinem Lebensgefühl – umso mehr aber das Glück auf Erden: der »goldene Überfluss der Welt«, dem seine ganze Liebe galt.[12]

Theodor Storm war ebenfalls geprägt von Feuerbachs Diesseitsphilosophie. Im Gegensatz zu Kellers Poesie allerdings liegt der Dichtung Storms die Trauer, das Leiden an der Sterblichkeit, unverkennbar zugrunde. Tragik und Schwermut bestimmen seine Novellen. Und seine Lyrik beklagt das quälende Rätsel des Todes (›Begrabe nur dein Liebstes‹). Doch die rettende Perspektive auf Gott blieb auch diesem Autor verstellt. Zahlreiche Briefe Storms bestätigen diesen Befund.[13]

3. »O Herr, gib jedem seinen eignen Tod ...«

Der Lyriker Rainer Maria Rilke indessen stand der christlichen Mystik nahe. Er suchte Gott in allen Dingen, besonders aber im Inneren des Menschen. Für ihn war der Glaube an Gottes Nähe die Grundlage für seine Hoffnung angesichts des Todes. Er gehört zu den Autoren, die sich mit der Frage nach dem Sinn des Lebens – und folglich mit den Themen Gott, Tod und Liebe – ein Leben lang auseinandersetzten. Man darf wohl sagen: Mit seinem inständigen Ringen um den Gottesgedanken (»Ich kreise um Gott, den uralten Turm, und ich kreise jahrtausendelang«) hat Rilke »in die deutsche Dichtung neue Ehrfurcht vor Gott und den Geheimnissen des menschlichen Daseins getragen«[14].

Zu meinen Lieblingsgedichten zählen Rilkes Verse mit dem Titel ›Herbst‹:

Die Blätter fallen, fallen wie von weit,
als welkten in den Himmeln ferne Gärten;
sie fallen mit verneinender Gebärde.
Und in den Nächten fällt die schwere Erde
aus allen Sternen in die Einsamkeit.
Wir alle fallen. Diese Hand da fällt.
Und sieh dir andre an: es ist in allen.
Und doch ist Einer, welcher dieses Fallen
Unendlich sanft in seinen Händen hält.[15]

Bei der Vorbereitung von Traueransprachen greife ich gerne auf poetische Texte zurück, z. B. auf das ›Herbst‹-Gedicht von Rilke. In diesen Metaphern finde ich alles, was zur Existenz des Menschen gehört: das verrinnende Glück, die Trauer um die Vergänglichkeit der Dinge, die dunkle Einsamkeit vieler Nächte, aber auch das heimliche Wissen, dass wir getragen sind von einer rettenden Macht. Denn auch noch im Fallen sind wir, »unendlich sanft«, gehalten in der Hand Gottes.

Allein nur mit der Ratio ist solcher Glaube freilich nicht zu begründen. Er verlangt eine Entscheidung, eine ›option fondamentale‹, die im Leben getroffen und im Tode besiegelt wird. Rilke hat sich für die Deutung entschieden: Sterbend fallen wir in die Hände eines liebenden Gottes. Jedes Sterben aber ist einmalig – so einzigartig wie das Leben, das dem Tode vorausgeht. Diesen Gedanken hat Rilke, im ›Stunden-Buch‹, in die Form eines Dreizeilers, eines kurzen Gebetes gebracht:

O Herr, gib jedem seinen eignen Tod,
das Sterben, das aus jenem Leben geht,
darin er Liebe hatte, Sinn und Not.[16]

Liebe, Sinn und Not – das sind jene Grund-Erfahrungen, die es geradezu verbieten, vor dem Tod zu kapitulieren. Wer echte Not, aber auch wirkliche Liebe und in dieser Liebe einen Sinn erfahren hat, der kann der Überzeugung sein: Kein wichtiges Erlebnis wird im Tode verloren gehen. Jeder Schmerz kann erlöst und geheilt werden. Und jede Liebe, die ich empfangen oder gegeben habe, wird für immer bewahrt werden.

4. Das naturwissenschaftliche Denken

Für religiöse Dichter wie Rilke ist der Tod nicht das Ende, sondern ein geheimnisvoller neuer Beginn. Freilich kann man fragen: Ist der Glaube an ein persönliches Weiterleben nach dem Tode ›wissenschaftlich‹ widerlegt? Wie äußern sich heutige Naturwissenschaftler zum Thema Tod und Unsterblichkeit?

Bekannt sind die großen Fragen: Woher kommen wir? Wer sind wir? Wohin gehen wir? Seit jeher treiben den Menschen diese Kernfragen um. Es sind die Grundfragen der klassischen Philosophie. Ob wir es wollen oder nicht, an den Knotenpunkten unseres Lebens sind wir mit diesen Fragen konfrontiert.

In biblischer Perspektive verdankt sich das Leben dem Schöpfungswirken eines allmächtigen Gottes. Im Blick auf naturwissenschaftliche Fakten muss aber gefragt werden: Sind religiöse Wahrnehmung und naturwissenschaftliches Denken grundsätzlich vereinbar? Konkreter: Ist in der Entwicklung des Universums eine Art Schöpfungsplan erkennbar? Könnte die biologische Evolution ein sinnvolles Ziel haben? Welche Rolle spielen der Mensch und seine Sehnsucht nach Unsterblichkeit im kosmischen Entwicklungsprozess?

Wohin gehen wir *zuletzt?* Und woher kommen wir? Sind wir Kinder des Zufalls, durch blinde Energien entstanden? Oder sind wir von Anfang an gewollt? Gehalten von einer Liebe, die alles umfängt und den Tod überdauert?

Sehr unterschiedlich wurden und werden solche Fragen beantwortet. Charles Darwin z. B. lehrte, die gesamte Entwicklung werde durch die Kräfte des Zufalls bzw. des Kampfes ums Überleben bewirkt. Die Existenz eines Schöpfers freilich wollte Darwin nicht prinzipiell ausschließen. Der Biologe Jacques Monod aber meinte: »Der alte Bund ist zerbrochen; der Mensch weiß endlich, daß er in der teilnahmslosen Unermeßlichkeit des Universums allein ist, aus der er nur zufällig hervortrat.«[17]

Wer sind wir? Nach Monods Auffassung sind wir nicht der Höhepunkt der Evolution. Wir sind nicht zur Vollendung bestimmt in der Herrlichkeit eines Schöpfers. Der Mensch ist verloren im All, ein »Zigeuner am Rande des Universums, das für seine Musik taub ist und gleichgültig gegen seine Hoffnungen, Leiden und Verbrechen«[18].

Der Physiker Paul Davies hingegen meint, das Weltall könne kein zweckfreier Zufall sein:

Meine wissenschaftliche Arbeit hat mich immer mehr davon überzeugt, daß das physikalische Universum genial konstruiert ist (...). Es muß, so scheint mir, eine tiefere Erklärungsebene geben. Ob man diese tiefere Ebene ›Gott‹ nennen will, ist eine Frage des Geschmacks und der Definition.[19]

Andere Wissenschaftler, der Biochemiker Sheldrake zum Beispiel, sprechen ganz unbefangen von *Gott* als der treibenden Kraft der Evolution. Eine oft zitierte These Albert Einsteins lautet: »Ein begrenztes Wissen führt von Gott weg, ein erhöhtes Maß wieder zu Gott zurück.« Ähnliche Bekenntnisse, etwa aus der Feder von Max Planck, weisen in dieselbe Richtung. Gleichwohl – die Fragen nach Gott, nach dem Sinn der Evolution, nach der Zielrichtung des persönlichen Lebens kann die empirische Forschung nicht wirklich beantworten.

Die Wissenschaft kann die schöpferische Kraft des Universums erkennen. Und viele, darunter auch höchstrangige, Forscher glauben an Gott als den Urgrund der Welt. Die Frage nach dem *Fundament* dieses Glaubens, die Frage nach der Existenz eines Schöpfers und damit verbunden die Frage nach der Unsterblichkeit des Menschen bzw. der ›Auferstehung‹ der Toten, stellt die Naturwissenschaft in eigener Instanz jedoch kaum. Denn sie ist – wie Laplace schon erkannte – ihrer Methode nach ›atheistisch‹.

5. Die Physik und das Jenseits

Die Reflexion über den *Sinn* des Daseins bzw. das Nachdenken über Gott und das ewige Leben ist nicht Sache der Naturwissenschaft. Der Glaube an einen göttlichen Schöpfer bzw. die Hoffnung auf ein persönliches Weiterleben nach dem Tode ist aber keineswegs unvereinbar mit den Ergebnissen der modernen Physik.

An eine Vollendung der individuellen Lebensgeschichte in einer anderen Welt zu glauben ist durchaus vernünftig. Diese Auffassung vertritt z.B. Günter Ewald in seiner Abhandlung ›Die Physik und das Jenseits. Zur naturwissenschaftlichen Denkmöglichkeit einer individuellen Fortexistenz nach dem Tod‹ (2004). Allein schon der Titel dieser Studie ist interessant, erst recht aber der Inhalt. In bildhafter Sprache (»Materie ist Musik«) führt Ewald in die Denkmodelle der Quantenphysik ein – die ein völlig neues Verständnis der Natur eröffnet. Heute spricht man von parallelen Universen, »transzendiert also das herkömmliche Bild des einen, allumfassenden Kosmos. Die Vorstellungen von Raum, Zeit und Materie befinden sich in einem so grundlegenden Wandel, dass das Alltagsbewusstsein der wissenschaftlichen Entwicklung weit hinterherhinkt.«[20]

Religiöse Fragen nach dem Jenseits anzusprechen, dafür fehlt den Naturwissenschaften zwar die Motivation. »Stellt man aber aus theologischem Interesse die Frage, ob die kosmische Symphonie vielleicht unvergängliche Resonanzen in einer Anderwelt erzeugt, so besteht« nach Ewald »kein Anlass, dies auf Anhieb zu verneinen.«

Ein persönliches Weiterleben nach dem Tod hält Ewald, aus physikalischer Perspektive, für durchaus möglich:

> Ist das Tabu höherer Dimensionen schon einmal innerphysikalisch gebrochen, so steht der Denkmöglichkeit eines umfassenderen Kosmos, in dem unser Universum als »Teilklang« enthalten ist, nichts im Wege. Es mag ausgewählte »Klangstrukturen« geben, die »hinübergetragen« oder »aufgezeichnet« werden. Was wir »unsterbliche Seele« nennen, ist vielleicht eine solche Klangstruktur, in der ein hier gelebtes Leben aufgezeichnet ist und im Tode in eine Anderwelt überspielt wird.[21]

Einerseits rät Ewald den Theologen, sich nicht festzulegen auf eine bestimmte naturwissenschaftliche Theorie. Andererseits zeigt er auf, dass die Theologie mit ihrer Jenseitsperspektive keinen Widerspruch zu einem physikalischen Weltbild zu befürchten habe. Es ist, so Ewald, »nicht auszuschließen, dass wir nicht nur vergängliche biologische Hirnstrukturen auffinden, sondern in unserem Kosmos auch auf Fußspuren von Unvergänglichem stoßen, vielleicht ohne es zu wissen. Eine solche Hoffnung ist (...) möglich und wendet von der Theologie den Zwang ab, auf (...) die Annahme eines individuellen Fortlebens nach dem Tode (...) aus naturwissenschaftlichen Gründen verzichten zu müssen.«

Besonders in den ›Nahtoderlebnissen‹ (von denen noch die Rede sein wird) sieht Ewald mögliche »Fußspuren« eines göttlichen Jenseits. Er resümiert: Die letztlich ungelösten Fragen nach der Entstehung des Lebens, nach der Menschwerdung und dem ›religiösen Organ‹ des Menschen (das mit der Todeszone viel zu tun hat) »drängen uns, nach einer Sinnfindung Ausschau zu halten, die auch dann noch besteht, wenn sich unser Planet Erde in einigen Milliarden Jahren im roten Riesen Sonne aufgelöst haben wird«.

6. ›Unsterblichkeit‹ im philosophischen Diskurs

Als Physiker hält Ewald ein jenseitiges Weiterleben für *möglich*. Und als Christ wird er an das Weiterleben *glauben*. Gegensätzliche Einstellungen zum Tod und zum Leben ›danach‹ sind ja stets vor dem Hintergrund der jeweiligen Gottesbilder bzw. des Gottesgedankens überhaupt zu betrachten. Wenn etwa die Hoffnung auf ein jenseitiges Leben von manchen Evolutionstheoretikern als Produkt des Egoismus-Gens verdächtigt wird, so hängt diese Einstellung mit der grundsätzlichen Ablehnung des Glaubens an Gott zusammen.

Zwar kann der Gottesglaube nicht alle Fragen beantworten. Aber er hält, bei aller Fraglichkeit des Daseins, den Himmel offen und gibt die Hoffnung nicht preis.

Worin besteht diese Hoffnung? Ist anzunehmen, dass die individuelle Person die Auflösung der irdischen Leibgestalt überdauern wird? Kann man sagen, dass die menschliche ›Seele‹ vom Tod nicht wirklich berührt wird? Auf diese Fragestellung werde ich später zurückkommen. Für jetzt sei nur einfach gefragt: Darf ich, vernünftigerweise, über den Tod hinaus hoffen?

Seit Platon galt das Weiterleben der Seele für viele abendländische Denker als beweisbares Faktum. Spätestens seit der Mitte des 20. Jahrhunderts aber scheint diese Auffassung erledigt zu sein. In dem Sammelwerk ›Der Tod in der Moderne‹ (1992) stellt der Philosoph Hans Ebeling fest: Seit den neuen Denkansätzen Martin Heideggers sei die Hoffnung auf eine, vernunftgemäß begründete, Unsterblichkeit preisgegeben. »In der Folge sind dann Unsterblichkeit und Fortleben dazu verdammt, kein Thema der Philosophie mehr zu sein, sondern nur noch Sache erbaulicher (…) Kränzchen.«[22]

Ein anderer Philosoph, Bernard Schumacher, jedoch hält Ebeling entgegen: »Der Versuch, das metaphysische Denken – und mit ihm die philosophische Reflexion über die Unsterblichkeit – als ein Monstrum der Vergangenheit abzutun, erwächst aus einer vorgefassten Definition von Philosophie.«[23]

Schumacher verweist auf verschiedene Strömungen in der gegenwärtigen Philosophie, die den metaphysischen Fragestellungen einen wesentlichen Platz einräumen. Die Frage nach einem individuellen Fortleben nach dem Tode ist »nicht überholt, sondern Gegenstand äußerst interessanter Beiträge der zeitgenössischen spekulativen Philosophie«.

Für Schumacher ist der Gedanke eines persönlichen Weiterlebens nach dem Tode keineswegs nur ein Glaubensakt, sondern eine rational zu begründende Lebenseinstellung: »Ich behaupte die Existenz eines ontologischen Prinzips, das sich dem Tod widersetzt und das man ›Prinzip Hoffnung‹, ›Lebensschwung‹ oder ›kategorischen Wunsch‹ nennen kann.«

Das postmortale Fortleben des Menschen begründet Schumacher mit einer »Phänomenologie der Liebe, des Vertrauens und der Treue«. Damit die Hoffnung auf Unsterblichkeit kein leeres Versprechen bleibt, müsse diese Hoffnung philosophisch begründet werden. Eine tragfähige Begründung sieht Schumacher – in Übereinstimmung mit dem Existenzphilosophen Gabriel Marcel – in der *zwischenmenschlichen Liebe*, im zutiefst empfundenen Ja zur Existenz des geliebten Objekts: »Die wahre Liebe zwischen zwei Personen will, dass der geliebte Andere nicht nur für eine gewisse geschichtliche Zeit besteht, sondern für immer. (…) Dieser Wunsch nach Ewigkeit weist (…) die Möglichkeit der endgültigen Vernichtung zurück.«

Der kategorische Wunsch nach unvergänglicher Liebe aber setze – wenn dieser Wunsch nicht ins Leere gehen soll – die persönliche Beziehung zu einem unvergänglichen, *absoluten Du* voraus, die Verbindung mit einer göttlichen Liebe, in welcher jede Ich-Du-Wir-Beziehung ursprünglich gründe. Allerdings räumt Schumacher ein: Aus dem unbedingten *Vertrauen* auf die Wirklichkeit Gottes lässt sich nicht ohne weiteres die *Existenz* dieses göttlichen Du ableiten; wohl aber sei diese Existenz *plausibel.* Die absolute Hoffnung des Liebenden sei zwar keine Grundlage für einen *Beweis* der Unsterblichkeit. Das Urvertrauen ins Sein aber sei höchst vernünftig und bürge dafür, dass der Mensch seinen endgültigen Zustand – und das besondere Ziel seiner Liebe – für immer erreichen werde.

Wir sehen: Die »Phänomenologie der Liebe und der Treue« mündet ein in den Gottesgedanken. Die Frage nach Gott aber stellt sich – jedenfalls *mir* – umso dringlicher, wenn mir ein Mensch, den ich liebe, durch den Tod genommen wird.

Freunde, dass der Mandelzweig
wieder blüht und treibt,
ist das nicht ein Fingerzeig,
dass die Liebe bleibt.
Schalom Ben-Chorin

Kapitel II
Sterben und Tod in der neueren Poesie

Wird die Liebe stärker sein als der Tod? Darf ich, für mich und andere, auf eine letzte Erfüllung hoffen, die *mehr* ist als alle Erfüllungen, die uns die Erde gewährt? Oder ist das zu viel verlangt? Sollte ich, statt vom Himmel zu träumen, das irdische Glück intensiver genießen?

Wenn dieses Glück aber endet im Tod? Sollte ich dann einstimmen in die Verse des Lyrikers Apollinaire – wenn er, in seinem Gedicht ›Begräbnis‹, den Tod einer Freundin beklagt? Die ungetröstete Trauer, den Abschied vom Leben, die Trennung von der Geliebten hat Apollinaire in die Worte gekleidet:

Nun pflanzet Rosmarin
und tanzet übers Grab.
Die Tote ist ganz tot,
die Nacht sinkt schon herab.

Eine Jenseitshoffnung lässt das Gedicht, auch in den weiteren Strophen, nicht erkennen. Ob die Verse der Grundeinstellung des Autors zum Tod oder eher einer Stimmung des Augenblicks entsprachen, ist allerdings nicht zu entscheiden. In der Sicht wohl nicht weniger Zeitgenossen des Dichters aber ist der Tod eine unüberwindliche Schranke, kein Übergang in ein neues Sein.

Ist das Kapitulieren vor der Übermacht des Todes bezeichnend für die Literatur des 20. Jahrhunderts? So generell trifft dies sicher nicht zu. Es gibt auch andere Stimmen. Die Hoffnung auf ein jenseitiges Leben (in Gemeinschaft mit anderen Verstorbenen) drückt sich, in visionärer Bildlichkeit, auch in Teilen der neueren Poesie aus: z. B. in Gedichten der expressionistischen Lyrik-Anthologie ›Menschheitsdämmerung‹.

1. Hoffnung angesichts des Todes

Die ›Menschheitsdämmerung‹, das Standardwerk des literarischen Expressionismus, wurde erstmals 1919 herausgegeben. In die Sammlung wurden Gedichte von 23 Autoren aufgenommen, darunter Gottfried Benn, Walter Hasenclever, Else Lasker-Schüler, Georg Trakl und Franz Werfel. Diese Dichter-Generation war vom drohenden Weltkrieg überschattet. Vielleicht gerade deshalb klingt die Jenseitshoffnung sehr oft mit an – etwa in der Lyrik Franz Werfels oder in dem Gedicht ›Auf den Tod einer Frau‹ von Walter Hasenclever:

Wenn Du Dich neigst am Saum des Himmels,
Sommerentlaubt:
Wir bleiben zurück,
Wir öffnen die Augen,
Wir sehen Dein ewiges Bild.
Nun weißt Du alles,
Träne und Hoffnung,
Die Welt des Leides, die Welt des Glücks.
Erlöste Seele, geliebte Seele,
Schwester unser,
Die Heimat ist da![24]

Als ein Ablegen des irdischen Gewandes (»Sommerentlaubt«) wird der Tod in diesem Gedicht verstanden. Doch was kommt *nach* dem Tod? Das Jenseits wird in Hasenclevers

Versen als endgültige Erlösung, als umfassende Erkenntnis, als befreite Liebe, als Verwandlung der Zeit in Ewigkeit und des Leids in Glück aufgefasst. »Die Heimat ist da!« Jenseits des Todes also wird das Paradies – so verstehe ich »Heimat« – zu finden sein!

»Nun weißt Du alles ...«: Die Heimgegangene begreift, jetzt endlich, was im Leben niemand erklären konnte. Sie hat ihr Ziel erreicht und sieht nun das Ganze, den Sinn hinter allem. Die Frau ist *angekommen* – nach einer langen, beschwerlichen Reise. Sie ist geborgen, sie erkennt und sie wird erkannt in unendlicher Liebe. Ich neige dazu, die Verse Hasenclevers auch *so* zu interpretieren: Die Zurückgebliebenen dürfen hoffen, die Verstorbene wiederzufinden, ihr nachzufolgen in die »Heimat«. Die Wortbildung »Schwester unser« spielt sicherlich auf die Anrufung Gottes im christlichen »Vater unser« an: womit der Autor das enge verwandtschaftliche Verhältnis zwischen allen im Paradiese Versammelten unterstreichen wollte und, möglicherweise, auch den ›Sonnengesang‹ des Franz von Assisi, den Hymnus von der »edlen Schwester Sonne«, im Sinn hatte.

Hasenclever, ein Repräsentant der expressionistischen Literatur-Revolte, hatte sich freiwillig zum Militär gemeldet und dem Tod oft ins Auge geschaut. Angesichts der schrecklichen Eindrücke an der Front jedoch schlug seine Kriegsbegeisterung um in eine pazifistische Haltung. Zugleich wird er gespürt haben: Ein wirklich *erfülltes* Leben hat diese Erde nur in seltenen Fällen, oder niemals, zu bieten. Diese Einsicht dürfte die Sehnsucht nach der künftigen »Heimat« bestärkt haben.

Eine vergleichbare Sinneswandlung vollzog in späteren Jahren der Dichter Ernst Jünger. Der ehemalige Frontoffizier war einer der umstrittensten Autoren des 20. Jahrhunderts. In einem bemerkenswerten Entwicklungsprozess wandte er sich vom »heroischen Nihilismus« und von der Kriegsideologie ab, zugunsten einer humanistischen Weltanschauung. Dieser Prozess hatte verschiedene Phasen. Einen der wichtigsten Wendepunkte in Jüngers Leben aber brachte der Tod des achtzehnjährigen Sohnes ›Ernstel‹. Der Verlust des Sohnes hat die Welt des Dichters erschüttert: Im Januar 1945 erfuhr er, dass Ernstel in Italien gefallen war (ein Ereignis, das Jüngers Ehefrau Gretha in denkwürdiger Telepathie ›gesehen‹ hat[25]).

Ein entscheidender Teil seiner Trauerarbeit war Jüngers Beschäftigung mit der Bibel. Die Frage nach dem Jenseits nahm von jetzt an eine wesentliche Stelle in Jüngers Denken ein. »Seine Hoffnung auf ein ewiges Leben kleidete er in seiner Auslegung ›Zur Offenbarung Johannis‹ in eine feierlich-ergriffene Sprache, in Gleichnisse und Paradoxe, wie sie einem mittelalterlichen Mystiker oder Nicolaus Cusanus nicht schlecht zu Gesicht stehen würden.«[26]

2. Ratlosigkeit und Trauer

Nicht jeder freilich wird sich eine Jenseitshoffnung im Sinne Ernst Jüngers zu eigen machen. Sigmund Freud z. B. konnte den Tod seiner Lieblingstochter Sophie nur als »sinnlosen, brutalen Akt des Schicksals«[27] begreifen. Für ihn, den Atheisten, gab es keine Instanz, von der er sich Trost erhoffte – oder die er anklagen mochte. In einem Brief an den Nervenarzt Ferenczi bezeichnete er sich als »im tiefsten ungläubig«; folglich wisse er, dass es »keinen Ort gibt, wo man eine Klage anbringen kann«.[28]

Eine hoffnungslose Einstellung zum Tod spiegelt sich, teilweise, in der Literatur des 19. und des 20. Jahrhunderts. Während in Hasenclevers Gedicht das Sterben als Eingang in eine bessere Welt gedeutet wird, sehen andere Autoren – Bertolt Brecht oder Simone de Beauvoir z. B. – im Tod nur die vollständige Auflösung der Existenz.

Lapidar heißt es in Brechts ›Hauspostille‹:

Ihr sterbt mit allen Tieren
Und es kommt nichts nachher.[29]

Viele Zeitgenossen denken genauso. Für manche wird mit der Leugnung der Transzendenz dann nicht nur der Tod, sondern erst recht das Leben zur Figur der Sinnlosigkeit.

Wenn der Tod alles Schöne verschlingt, hat Simone de Beauvoir wohl recht, wenn sie, am Ende ihrer Memoiren, bemerkt:

Voller Melancholie denke ich an all die Bücher, die ich gelesen, (…) an das Wissen, das sich angehäuft hat und das nicht mehr da sein wird. Die ganze Musik, die ganze Malerei, die ganze Kultur, so viele Bindungen: plötzlich bleibt nichts mehr (…), dieses einzigartige Ganze, meine persönlichen Erfahrungen (…) das alles wird niemals wieder auferstehen (…).[30]

Die Schriftstellerin bringt die Trostlosigkeit auf den Punkt: Wenn es *nach* dem Tod keine Erfüllung gibt, sind auch alle Erfüllungen *vor* dem Tod – vom Ende her gesehen – null und nichtig! Mit unerbittlicher Konsequenz stellt Beauvoir fest:

Nichts wird stattgefunden haben. Ich (…) höre die Versprechungen, mit denen ich mein Herz berauschte (…). Sie wurden erfüllt. Aber wenn ich jetzt einen ungläubigen Blick auf dieses leichtgläubige junge Mädchen werfe, entdecke ich voller Bestürzung, wie sehr ich geprellt worden bin.

Die erfolgreiche Autorin ist von ihrem, vermeintlich, erfüllten Leben »geprellt« worden! Damit gibt die Schriftstellerin, in meiner Sicht, kund: Ein wirklich sinnvolles Leben hier auf der Erde könnte es nur geben, wenn der Tod nicht alles zerstören, sondern die *Essenz* des Lebens – vor allem die Glücksmomente, die Gipfelerlebnisse – *bewahren* und *erfüllen* würde.

3. »Gelobt seist du, Niemand ...«

Ich bin überzeugt: Ohne ein Jenseits hätte das Diesseits überhaupt keinen Sinn. Ohne den Himmel wären *alle* betrogen, die Verlierer wie die Gewinner des Daseinskampfes. Vollends betrogen aber wären die Martyrer, die Opfer des Unrechts in aller Welt.

So lässt der deutschsprachige, einer jüdischen Familie in Rumänien entstammende Lyriker Paul Celan in seinem – schwer zu deutenden – ›Psalm‹ (1963) die Toten, die in Auschwitz Ermordeten, sprechen:

Niemand knetet uns wieder aus Erde und Lehm,
niemand bespricht unsern Staub.
Niemand.

Gelobt seist du, Niemand.
Dir zulieb wollen
wir blühn.
Dir
entgegen.

Ein Nichts
waren wir, sind wir, werden
wir bleiben, blühend:
die Nichts-, die
Niemandsrose.

Mit
dem Griffel seelenhell,
dem Staubfaden himmelswüst,
der Krone rot
vom Purpurwort, das wir sangen
über, o über
dem Dorn.[31]

Der Text ist in verschlüsselter Sprache verfasst. Mein erster Leseeindruck: Das sind schwermütige, eher verneinende, im Grunde verzweifelte Gedankensplitter. Doch bei wiederholter

Lektüre wurde mir klar: Celans Verse sind mehrschichtig, sie wechseln, ganz unversehens, die Ebene. So laden sie zum Nachdenken ein, zur kontemplativen Betrachtung.

Zum Ersten stellt sich die Frage: Wer ist »Niemand«? Ist es wirklich nur *niemand*, im gewöhnlichen Sinn? Oder könnte »Niemand« eine Metapher sein – für eine andere, unsagbare, Wirklichkeit?

In Homers ›Odyssee‹ hat sich der Titelheld als »Niemand« bezeichnet: »*Niemand* ist mein Name, und *Niemand* rufen mich Vater und Mutter und all die anderen Gefährten.«[32] Wer aber ist »Niemand« im ›Psalm‹-Gedicht von Celan? »Niemand« ist mehrdeutig. Wer oder was gemeint ist, lässt der Celan-Text offen. Für mich aber gilt: »Niemand« ist zwar keiner *von dieser, uns bekannten, Welt.* »Niemand« könnte aber, in einem überraschenden Perspektivenwechsel, eine Chiffre für *Gott* sein: den Transzendenten, Unfassbaren – gemäß dem alttestamentlichen Bilderverbot in Bezug auf die Gottesrede (vgl. Ex 20,4). Diese Deutung scheint mir keineswegs abwegig. Denn die Verse des jüdischen Autors Celan knüpfen einerseits an Jenseitsvorstellungen der biblischen Psalmen an. Und andererseits erinnern sie an das doppelbödige, manchmal widersprüchliche Sprachspiel der Mystiker.

Selbst mit der negativen – oft paradoxen – Gottesrede des Meisters Eckhart könnte Celans ›Psalm‹ in Verbindung gebracht werden. Eckhart meinte in einer seiner Predigten:

»Du sollst Gott lieben wie er ist: ein Nicht-Gott, ein Nicht-Geist, eine Nicht-Person, ein Nicht-Bild, mehr noch: wie er ein lauteres, reines, klares Eines ist (…). Und in diesem Einen sollen wir ewig versinken vom Etwas zum Nichts. Dazu verhelfe uns Gott.«[33]

Wenn in Celans ›Psalm‹ mit »Niemand« der unsagbare Gott gemeint ist, könnte das Gedicht bedeuten: Gott ist der immerwährende Schöpfer (er »knetet«) und zugleich der Namenlose, Unfassbare (»Niemand«). Wir dürfen aber »blühn«, dem geheimnisvollen Du »entgegen« und diesem Du »zulieb«! Klingt *das* nicht eher nach ›Auferstehung‹ – in eine andere, jenseitige, Welt hinein? Das »Gelobt seist du« hätte dann die Entsprechung im franziskanischen Sonnengesang!

Aus den beiden, scheinbar gegensätzlichen, Metaphern »Nichts« und »blühend« wird *eins.* Aus Tod und Leben wird eins. Und das Symbol der Rose stünde somit für diese mystische Einheit, für das Sein in Liebe. Die vordergründige, pessimistische Aussage des Celan-Gedichts würde also in ihr Gegenteil gewendet: Nicht der Tod hat das letzte Wort, sondern das blühende Leben. Denn im Tod ist das Leben, das göttliche Sein.

Vielleicht könnten wir beim Meditieren des Celan-›Psalms‹ an die Verse des schlesischen Mystikers Angelus Silesius denken: »Bist du aus Gott geborn, so blühet Gott in dir.«[34] Auch für die Sprecher in Celans Gedicht ist, möglicherweise, die mystische Versenkung in Gott die befreiende Antwort: die Lösung aller Fragen angesichts des Übels in der Welt und, speziell, des Leids der Ermordeten, der Opfer des Nazi-Regimes.

4. Zwischen Glaube und Resignation

Celans Eltern wurden, weil sie Juden waren, umgebracht. Celan selbst wählte den Freitod – in depressiver Gestimmtheit wahrscheinlich. Dies waren keine Einzelschicksale, die ganze Kriegsgeneration war beschädigt. Viele gingen zugrunde. Und nur wenige hatten den Mut, der Sogkraft des Unrechts und des Todes zu widerstehen.

Die Anklage gegen eine Welt, die keine Liebe, nur Gewinnsucht und Brutalität zu bieten hat, findet Resonanz in einer Fülle von literarischen Texten. Zugleich wird der Zweifel an

Gott – angesichts des nationalsozialistischen Terrors und der Schrecken des Weltkrieges – zu einem Hauptthema der Nachkriegsliteratur.

Der früh verstorbene Wolfgang Borchert zum Beispiel gestaltet in seinem Bühnenwerk ›Draußen vor der Tür‹ (1947) die Glaubenslosigkeit einer verratenen Generation. Der Kriegsheimkehrer und Anti-Held Beckmann fragt am Ende des Schauspiels: »Wo ist denn der alte Mann, der sich Gott nennt? Warum redet er denn nicht!!«[35] Borcherts Stück endet mit bitteren Worten: »Gibt denn keiner Antwort? Gibt keiner Antwort??? Gibt denn keiner, keiner Antwort???«

Gibt es wirklich keine Antwort? Auf die Frage nach dem Sinn des Lebens und des Todes eine Antwort zu geben, versuchte – in der Hinwendung zu Christus – der katholische Schriftsteller Reinhold Schneider. Der Publizist, der zu den entschiedensten Gegnern des Nationalsozialismus gehörte, verfasste auch Kleinschriften, die zu Tausenden »an die Frontsoldaten und in die Konzentrationslager gelangten. Er spendete geistige Hilfe und Trost; in prophetischen Sonetten deutete er den Untergang der Gewalt und Gottes Erbarmen.«[36]

Zeitlebens aber war er von Zweifeln geplagt. Zudem litt er an einer – vermutlich depressiven – Erkrankung, die ihn bis zum Tod nicht verließ. Die ›Krankheit zum Tode‹ erfuhr der Kierkegaard-Verehrer am eigenen Leib. In Schneiders letztem Buch, ›Winter in Wien‹ (1958), stehen die trostlosen Worte:

> (…) meine Lebenskraft ist so sehr gesunken, daß sie (…) sich über den Tod hinweg nicht zu sehnen und zu fürchten vermag. Ich kann mir einen Gott nicht denken, der so unbarmherzig wäre, einen (…) Kranken, der endlich eingeschlafen ist, aufzuwecken. Kein Arzt, keine Pflegerin würde das tun, wieviel weniger Er![37]

Ein erschütterndes Wort! Alle Hoffnung war dem Kranken genommen. Er »betete um ewigen Schlaf unter dem Kreuz, ohne den Trost des Auferstandenen zu erwarten. Aber er verharrte im Glauben und im Gebet, bis er ohne Bewusstsein am Ostertag 1958 starb. Die Gleichzeitigkeit mit Christi Verlassenheit hat sich in den Kartagen des Jahres 1958 an ihm erfüllt.«[38]

Die ungebrochene Glaubensfreude blieb Schneider versagt. Andererseits finden wir in der Literatur des 20. Jahrhunderts einen festen Glauben an Gottes Liebe und an das Fortleben des Menschen nach dem Tode: etwa im Erzählwerk des – mit Schneider befreundeten – Dichters Werner Bergengruen oder bei Dichterinnen wie Elisabeth Langgässer und Gertrud von le Fort.

5. »Ich will den Himmel ernten ...«

An die unvergängliche Liebe, die dem Tod seine Macht nimmt, glaubte auch Antoine de Saint-Exupéry. Berühmt wurde seine Erzählung ›Der Kleine Prinz‹. Vor allem die Szene, wie der Fuchs und der Kleine Prinz sich miteinander »vertraut machen«, ist bekannt geworden. Diese Freundschaftsgeschichte ist zugleich eine Sterbe- und Auferstehungsgeschichte. Denn der *Tod* wird vom Autor als Voraussetzung für die Wiedervereinigung des Prinzen mit seiner Rose – hier (wie in Celans ›Psalm‹) ein Symbol des Göttlichen – gedeutet.[39]

Nach gängiger Auffassung ist der Tod etwas Schreckliches, über das man am besten nicht redet. Alternative Sichtweisen finden wir bei Autoren wie Exupéry oder Bergengruen: In deren Verständnis mag der Tod zwar schlimm für die Hinterbliebenen sein, nicht aber für die Gestorbenen. *Sie* sind im Licht, *sie* sind im Frieden.

Weitere Gesichtspunkte bietet, mit surrealistischen Darstellungsmitteln, die ›Spiegelgeschichte‹ (1949) von Ilse Aichinger. Auch dieser Text könnte als Hoffnungsgeschichte im Blick auf Sterben und Tod interpretiert werden. Die ›Spiegelgeschichte‹ erzählt den Lebenslauf einer jungen Frau im Rückwärtsgang – von der Bestattung bis zur Geburt. Diese Geschichte, die zu den rätselhaftesten Texten der 1950er Jahre gehört und schon oft – mit den unterschiedlichsten Ergebnissen – analysiert wurde, beginnt folgendermaßen:

> Wenn einer dein Bett aus dem Saal schiebt, wenn du siehst, daß der Himmel grün wird, und wenn du dem Vikar die Leichenrede ersparen willst, so ist es Zeit für dich, aufzustehen, leise, wie Kinder aufstehen, wenn am Morgen Licht durch die Läden schimmert, heimlich, daß es die Schwester nicht sieht – und schnell!
> Aber da hat er schon begonnen, der Vikar, da hörst du seine Stimme, jung und eifrig und unaufhaltsam, da hörst du ihn schon reden. Laß es geschehen! (…)

Und so lautet das Finale der komplexen, erzähltechnisch und thematisch höchst anspruchsvollen Kurzgeschichte:

> (…) Sei geduldig! Bald ist alles gut. Gott weiß den Tag, an dem du schwach genug bist.
> Es ist der Tag deiner Geburt. Du kommst zur Welt und schlägst die Augen auf und schließt sie wieder vor dem starken Licht. Das Licht wärmt dir die Glieder, du regst dich in der Sonne, *du bist da, du lebst.* Dein Vater beugt sich über dich.
> »Es ist zu Ende –«, sagen die hinter dir, »sie ist tot!«
> Still! Laß sie reden![40]

Geburt und Tod werden, spiegelbildlich, vertauscht. Die Todesstunde wird zur wahren Geburtsstunde. Die zurückliegenden Lebensstationen mit den wichtigen Ereignissen und den prägenden Begegnungen werden, wie in einem Spiegel, beleuchtet. Auch Schuld und Versagen werden in der Rückblende gegenwärtig.

Die Frau stirbt an den Folgen einer verpfuschten Abtreibung. Auch die Schwangerschaft und der leichtsinnige Mann, von dem sie sich hätte trennen sollen, sind präsent in ihrer Erinnerung. Die Sterbende, so könnten wir die Geschichte verstehen, gibt sich Rechenschaft über ihre Vergangenheit. Und das Ende der Erzählung markiert den Tod in doppelter Weise: Medizinisch ist er eingetreten, aus metaphysischer Sicht hingegen bedeutet er die wahre Geburt.

Zuletzt also siegt, metaphysisch gesehen, das Leben über den Tod. Allerdings stellt sich die Frage: Wer ›spricht‹ eigentlich in der Erzählung? Lässt sich die Stimme als Monolog einer Sterbenden interpretieren? Streckenweise mag eine solche Deutung gut möglich sein. Vor allem im Finale freilich scheint mir die Annahme plausibel: Die Stimme kommt – dialogisch – von ›oben‹.

Selbstgespräch oder Dialog? Fiebertraum oder Begegnung mit einem Gegenüber? Meine eigene Erfahrung: In Stunden der meditativen Betrachtung weiß ich nicht so genau, ob *Gott* zu mir spricht oder ob ich nur Selbstgespräche führe. Ich vermute, dass sich beides miteinander vermischt. Warum sollte dies für die ›Stimme‹ in Aichingers Erzählung nicht ebenfalls gelten?

Der Tod wird in der ›Spiegelgeschichte‹ als neue Geburt verstanden. Was aber kommt *nach* dem Tod? Darüber sagt der Text nichts aus. Das Finale aber legt die Deutung immerhin nahe: Es ist ein *göttliches* Du, das die Vergangenheit der sterbenden bzw. der gestorbenen Frau in ein heilendes, lebendig machendes Licht entrückt.

Für die Stimmigkeit dieser Auffassung scheint mir auch die ›Rede unter dem Galgen‹ zu sprechen, die Aichinger 1952 publizierte. In dieser Parabel erkennt ein Verurteilter im Licht des nahenden Todes das wahre Leben. Gegen seinen Willen wird er begnadigt und muss somit auf den Tod als Lichtquelle des Lebens verzichten:

»Mein Henker ist gegangen, wie ein Dieb ist er gegangen und hat den Strick von meinem Hals gestohlen, ruft ihn zurück! (...) Ich will (...)

meiner Wege gehen, als ging ich heim (...), ich will den Himmel ernten, der verheißen ist.«[41]

In dieser Kurzgeschichte wird der Tod als *Heimgang* und der Himmel als *Ernte* verstanden. Im Übergang des Todes vollendet sich also das Leben!

6. Der Landstreicher Knulp

Aichingers Parallelisierung von Tod und Geburt erinnert mich an einen Bühnentext Carl Zuckmayers. Im Rahmen eines Diskurses über die Angst vor dem Sterben lässt der Autor einen 15-jährigen Jungen die Worte sprechen:

Ich denke mir oft, daß ich vor der Geburt von meiner Mutter umgeben war, in ihrem Leib, ohne sie zu kennen. Dann brachte sie mich zur Welt, und ich kenne sie nun und lebe mit ihr. So, glaube ich, sind wir als Lebende von Gott umgeben, ohne ihn zu kennen. Wenn wir sterben, werden wir ihn erfahren, so wie das Kind seine Mutter, und mit ihm sein. Warum soll ich den Tod fürchten?[42]

Dieses Zitat findet sich in Zuckmayers Theaterstück ›Der Rattenfänger‹ (1975). In der ›Spiegelgeschichte‹ Aichingers freilich erscheint das ›Geborenwerden‹ im Tode zugleich als kritische Lebensrückschau. Auch zu diesem Aspekt gibt es schöne literarische Parallelen, besonders eindrucksvoll im Finale der 1915 entstandenen ›Knulp‹-Erzählung von Hermann Hesse.[43]

Der Landstreicher Knulp ist »immer tiefer in das Gewirre seines verfehlten Lebens geraten«, ohne einen Sinn und einen Trost zu finden. Dann kommt die tödliche Erkrankung, und er redet mit dem »lieben Gott« über die Zwecklosigkeit seines Lebens:

»Damals ist es gewesen«, beharrte Knulp immer wieder, »damals, wie ich vierzehn Jahre alt war und die Franziska mich im Stich gelassen hat. Da hätte noch alles aus mir werden können. Und dann ist irgend etwas in mir kaputtgegangen (...). Der Fehler ist einfach der gewesen, daß du mich nicht mit vierzehn Jahren hast sterben lassen!«

Knulp will nicht aufhören, mit seinem Schicksal zu hadern. Doch Gott lächelt und redet dem Sterbenden zu:

»Na, Knulp, (...) denk einmal an deine Jungeburschenzeit (...)! Weißt du noch die Sonntage in Bauerswil? Und deinen ersten Schatz, die Henriette? Ja, ist denn das alles nichts gewesen?« Knulp mußte nachdenken (...). Herrgott, es war schön gewesen, (...) und es wäre jammerschade um jeden Tag gewesen, der gefehlt hätte! »Ach ja, es war schön«, gab er zu und war doch voll (...) Widerspruch wie ein müdes Kind.

Gewiss, es hat neben Lust und Freude auch Schuld und Traurigkeit in Knulps Leben gegeben. Gott aber unterstreicht das *Schöne* in Knulps Vergangenheit:

»Ich muß lachen, wie vergeßlich du geworden bist! (...) Und wenn du so an die Henriette denkst, mein Lieber, wie willst du dann gar an Lisabeth denken? Ja, hast du denn die ganz vergessen können?«

Lisabeth und den kleinen Buben auf ihrem Arm hatte Knulp sehr geliebt. Aber er war *schuldig* an ihr geworden:

»Was für ein schlechter Kerl bin ich gewesen!« fing er wieder zu klagen an. »Nein, seit die Lisabeth tot ist, hätte ich auch nimmer leben dürfen.«

Aber Gott lässt den Todkranken nicht weiterreden. Er sieht ihn an und setzt seine Rede fort:

»Hör auf Knulp! Du hast der Lisabeth sehr weh getan, (...) aber du weißt wohl, sie hat doch mehr Zartes und Schönes von dir empfangen als Böses (...). Siehst du denn immer noch nicht, du Kindskopf, was der Sinn von dem allen war?«

So also ist Gottes ›Endgericht‹! Keine Vorwürfe! Nein, Gott richtet den Gebeugten auf, er hilft ihm, sein Leben in einem anderen Licht zu sehen, in der Vergangenheit einen *Sinn* zu entdecken. Er macht das Krumme gerade und das vermeintlich Tote lebendig.

Zuletzt, da Knulp stirbt, hört er noch immer das göttliche Wort:

»Also ist nichts mehr zu klagen?« fragte Gottes Stimme.
»Nichts mehr«, nickte Knulp und lachte schüchtern.
»Und alles ist gut? Alles ist, wie es sein soll?«
»Ja«, nickte er, »es ist alles, wie es sein soll.«
Gottes Stimme wurde leiser und tönte bald wie die seiner Mutter, bald wie Henriettes Stimme, bald wie die gute, sanfte Stimme von der Lisabeth.

7. Moderner Skeptizismus

Das ›letzte Gericht‹, könnte die Knulp-Geschichte uns lehren, ist ein *heilender* Prozess, durch den wir in die ganze Wahrheit kommen – mit unserer je einmaligen Lebensgeschichte.

Das klingt sehr beruhigend. Darum schätzte auch meine Mutter den Dichter so sehr, dass sie sich noch im Sterbebett mit Hesses Lyrik befasste. Besonders wichtig war ihr das ›Stufen‹-Gedicht (1941), dessen letzte Strophe lautet:

Es wird vielleicht auch noch die Todesstunde
Uns neuen Räumen jung entgegen senden,
Des Lebens Ruf an uns wird niemals enden …
Wohlan denn, Herz, nimm Abschied und gesunde.[44]

Der christliche Glaube, aber auch Hesses ›Stufen‹-Gedicht halfen meiner Mutter, die Hoffnung nicht aufzugeben und in Würde zu sterben.

Wir können sagen: Auch in der neueren Poesie begegnet der Gedanke, dass der Tod der Durchgang zum wahren Leben sei. Wir finden diese Überzeugung in Fynns Erzählung ›Hallo,

Mister Gott, hier spricht Anna‹ (1974) oder im Liebesroman ›Die Frau mit dem roten Tuch‹ (2008) von Jostein Gaarder. Autoren wie Christine Busta oder Kurt Marti sind ebenfalls zu nennen. Sie verfassten Texte, die mit der christlichen Tradition verbunden bleiben und im Anblick des Todes – ausdrücklich oder indirekt – an die Gottheit erinnern, deren Güte über das irdische Leben hinausreicht.

Inwieweit finden wir die Jenseitshoffnung in der heutigen Literatur? Georg Langenhorst erläutert in einem Forschungsbericht: Einige Dichter der Jahrtausendwende bekennen sich ›symbolisch‹ – in lyrischen Bildern – zum Glauben an ein besseres Leben jenseits des Todes, zurückgenommen allerdings in einen Bereich der »nur in Fragment und Assoziation möglichen Sehnsuchtsrede«[45]. Doch solche Autoren wirken eher wie Fremdlinge in der literarischen Szene. Der Pessimismus scheint heute zu überwiegen. Der Literaturkritiker Reich-Ranicki z. B. meinte in einem Interview: Der Tod bringe das »Nicht-mehr-Vorhandensein, das Nicht-mehr-Dasein«[46].

Reich-Ranicki scheint in dieser Hinsicht radikal ehrlich zu sein. Für ihn ist mit dem Tod alles vorbei. Ein neues, von Gott kommendes Leben werde es, so Reich-Ranicki, nicht geben. Denn Gott sei keine Realität, sondern eine »literarische Erfindung« von religiösen Autoren: ein fiktiver Held also, eine »literarische Figur wie Odysseus oder Hamlet«.

Die Gottesrede der biblischen Schriften oder gar die Auferstehungsberichte des Neuen Testaments lässt Reich-Ranicki nicht gelten. Da er Gott als den Urgrund des Lebens nicht wahrnehmen kann, ist es folgerichtig, wenn er den Tod als »die schrecklichste aller Möglichkeiten« empfindet, als »die größte Katastrophe«, die alles Leben verschlingt und jeglichen Sinn des menschlichen Strebens vernichtet.

Nicht nur für Reich-Ranicki, auch für viele andere Zeitgenossen ist mit dem Tod ›alles aus‹. Erklärte Atheisten dürften zwar eine Minderheit sein: Sie glauben fest an den Tod, an die Vergänglichkeit jeder Liebe, an das endgültige Nicht-mehr-Sein. Die zahlreichen Skeptiker aber glauben, im Unterschied zu den Atheisten, an nichts und halten alles für möglich.

Auch viele Christen, die das Bekenntnis »Ich glaube an die Auferstehung der Toten« im Sonntagsgottesdienst nachsprechen, sind in Wirklichkeit der Meinung: Noch keiner ist zurückgekommen. Ob Gott existiert und ob es nach dem Tode weitergeht, das kann man nicht wissen.

8. »Alles wird gut ...«

Trotz solcher Unentschiedenheit lebt in den Herzen vieler Menschen noch immer die Sehnsucht: Es möge am Ende alles gut werden.

Auf meinem persönlichen Glaubensweg spielte die Lektüre Karl Mays eine besondere Rolle. Was in meinen Kindheitsjahren die Erzählungen des sächsischen Fabulierers waren, dürfte in der heutigen Kinder- und Jugendliteratur die Fantasy-Romanserie von Joanne K. Rowling sein. Das Gemeinsame zwischen Mays und Rowlings Werken sehe ich nicht nur in der Auflagenhöhe. Interessanter noch scheint mir: Mays wie Rowlings Romane weisen, hinter der abenteuerlichen Story, eine metaphysische Tiefendimension auf.

Rowlings Heptalogie spielt im ausgehenden 20. Jahrhundert. Neben ›richtigen‹ Personen gehören zur Harry-Potter-Welt allerlei Hexen und sonstige magische Wesen. Zentraler Inhalt ist die Auseinandersetzung zwischen Gut und Böse, konkret der Kampf des Titelhelden gegen die schwarze Magie in Gestalt des Lords Voldemort und seiner Gefolgsleute, der ›Todesser‹ (Death Eaters). Doch Harrys

Kampf wirkt eher aussichtslos. Denn die Mächte des Bösen und des Todes scheinen zu dominieren. Und dennoch suggerieren Rowlings Bücher dem willigen Leser: Zuletzt wird alles gut, ich darf dem Leben vertrauen, denn stärker als der Tod ist die Liebe.

»All was well.« So lautet der Schlusssatz des letzten Potter-Buches, das den Titel ›Harry Potter und die Heiligtümer des Todes‹ trägt. All was well. Erinnert das nicht an die Aussage der biblischen Schöpfungsurkunde? Dort heißt es ja: Am Ende sah Gott »alles an, was er gemacht hatte. Es war sehr gut« (Gen 1,31).

»All was well.« Mit diesem provokanten Romanfinale wird eine Sehnsucht angesprochen, die das *Ganze* der menschlichen Existenz in das Licht eines letzten Gelingens rückt. In ihrer ›Einführung in die christliche Eschatologie‹ bezeichnet die katholische Theologin Johanna Rahner die Potter-Bände als eine hintersinnige Geschichte, »die wie wohl kein anderes literarisches Produkt zur Jahrtausendwende das Lebensgefühl der späten Moderne auf den Punkt brachte«[47].

Das »Lebensgefühl der späten Moderne« ist pluralistisch. Doch auch zum heutigen Lebensdrang gehört die ›Sehnsucht nach dem ganz Anderen‹, nach dem Mysterium, das die Ratio übersteigt und den Himmel offen hält. Dem Wunschtraum nach Überwindung des Todes kommen die Bücher Joanne Rowlings m. E. entgegen – in mancher Hinsicht vergleichbar mit den Fantasy-Romanen C. S. Lewis', J. R. R. Tolkiens oder Michael Endes.

Auch J. Rahner wertet das Bestsellerwerk Rowlings nicht ab, im Gegenteil. Zur Verblüffung wohl der meisten Rowling-Leser meint die Theologin:

Rowling gibt (…) ein Versprechen, dass auch dort, wo Narben zurückbleiben, (…) alles gut werden kann, ja, dass sich selbst der Tod für immer bannen lässt. (…) Kann man das Böse und am Ende den Tod wirklich besiegen? Ja! Weil – so Rowling – die Liebe jene Kraft ist, »die wunderbarer und schrecklicher ist als der Tod, als die menschliche Intelligenz, als die Kräfte der Natur«.[48]

9. Harry Potter und der Liebestod

»Der letzte Feind, der zerstört wird, ist der Tod.« Dieses Paulus-Wort (1 Kor 15,26) steht auf dem Grabstein von Harrys Eltern, die von Voldemort umgebracht wurden. Als Harry das Elterngrab findet und den Bibelspruch liest, wird er ärgerlich:

Aber sie leben nicht, dachte Harry: Sie sind nicht mehr. Die leeren Worte konnten die Tatsache nicht verhüllen, dass die vermoderten Überreste seiner Eltern unter Schnee und Stein lagen, (...) unwissend und gleichgültig ihrem lebenden Sohn gegenüber.[49]

Die Inschrift des Elterngrabes also kann Harry zunächst nicht verstehen. Doch wie die ›Winnetou‹-Bände Karl Mays – in denen es ebenfalls um das ›mysterium mortis‹ geht – können die Potter-Bücher als Bildungs- und Entwicklungsromane gelesen werden, auch von anspruchsvolleren Erwachsenen. Harry Potter ist auf dem Reifungsweg, der zugleich als Glaubensweg aufgefasst werden kann. Zuletzt wird der Titelheld erkennen, dass die Inschrift des Grabes nicht den Tod des physischen Körpers meint, sondern den »zweiten Tod« (Offb 20,6) der Beziehungslosigkeit, des endgültigen Abgeschnittenseins der menschlichen Person von der Urquelle des Lebens.

Sind Harrys Eltern wirklich nur Knochen und Staub, »unwissend und gleichgültig ihrem lebenden Sohn gegenüber«? In einem Time-Interview erklärte Rowling, die Bibelstelle 1 Kor 15,26 sei eine Art Cantus firmus der gesamten Romanreihe. Der Sieg über das Böse bzw. die Zerstörung der Todesmächte wäre demnach das eigentliche Thema der Potter-Romane.

Johanna Rahner kommentiert:

> Durch alle Bände zieht sich wie ein roter Faden die Erinnerung daran, dass Harrys Mutter durch Hingabe ihres eigenen Lebens ihren Sohn vor der Ermordung durch Voldemort bewahrt hat. Im Endkampf mit Voldemort tritt Harry dieses Erbe an. Denn Harrys liebendes Selbstopfer sucht nicht mehr das eigene Überleben, sondern nur noch das Leben der anderen zu sichern.[50]

Harry Potter überlebt. Aber er lernt, dass nicht die Toten zu bedauern sind, sondern die Lebenden, nämlich »diejenigen, die ohne Liebe leben«[51] – ohne Liebe, die sich hingibt für andere.

An das Jesus-Wort dürfen wir denken: »Wer das Leben gewinnen will, wird es verlieren; wer aber das Leben um meinetwillen verliert, wird es gewinnen« (Mt 10,39). Es gibt also noch ein anderes Leben als das bekannte irdische Dasein. Somit dürfen wir annehmen, dass Harry und seine Eltern für immer gerettet werden: in eine Liebe hinein, die größer ist als unser Menschenverstand.

Was Rahner bzw. Rowling freilich voraussetzen, ist die Existenz eines vollkommenen, unendlich liebenden Gottes. Ohne diese Voraussetzung wäre jegliche Hoffnung, die über das irdische Leben hinausgeht, hinfällig und nichtig. Allerdings können wir der Frage jetzt nicht mehr entgehen: Wird *wirklich* alles gut? Ist die Hoffnung auf Gott ›vernünftig‹, ist sie *begründet* – angesichts der Wirksamkeit des abgrundtief Bösen und des physischen Untergangs?

Nicht das ist der Triumph des Glaubens,
dass er das Leiden aufhebt,
sondern dass er es in ein
höheres Gelingen einbezieht.
Pierre Teilhard de Chardin

Kapitel III
Der verborgene Gott

Was bleibt von mir, wenn ich tot bin? Ich weiß es nicht, aber ich hoffe: Was bleibt, bin ich *selbst* mit allem, was wesentlich zu mir gehört. Doch dieser Wunsch nach ›Seligkeit‹, diese Hoffnung auf ein glückliches, erfülltes Weiterleben nach dem Tode ist untrennbar verbunden mit dem Vertrauen auf einen *Gott*, der vollkommen ist und der vollkommenes Leben gewährt.

Wohl alle sehnen sich – bewusst oder unbewusst – nach einer Liebe, die den Tod überdauert. Voraussetzung für die mögliche Erfüllung dieser Sehnsucht ist die Existenz eines unendlich gütigen Schöpfers, in dessen ›Gedächtnis‹ unsere Lebensgeschichte gespeichert bleibt und dessen Liebe uns zur Vollendung führt. Damit aber stellt sich das Theodizee-Problem.

Den Begriff ›Theodizee‹ hat Ende des 17. Jahrhunderts der Philosoph und Theologe Gottfried Wilhelm Leibniz geprägt. Er bezeichnete damit den Versuch der ›Rechtfertigung Gottes‹ angesichts der Klagen, die wegen des Zustands der Welt gegen Gott als den Schöpfer erhoben werden.

Die Anklage gegen Gott blieb stets aktuell. Und manchmal kippt sie um in den Atheismus. Was beispielsweise den Literaturkritiker Reich-Ranicki daran hindert, an Gott zu glauben, ist in erster Linie die Leiderfahrung. In dem besprochenen Zeitungs-Interview erklärt Reich-Ranicki: »Ich habe den dunklen Eindruck, Gott hat mir und meiner Familie nie geholfen, wohl aber jenen, die meine Familie verfolgt und ermordet haben.«[52]

Ähnlich klagt, hin und wieder, fast jeder. Als Seelsorger werde ich täglich mit solchen Fragen konfrontiert: Woher kommt das Böse in der Welt? Warum die Ströme von Leid, die Tränen der Kinder, die Kriege mit ihrer Grausamkeit, die Verzweiflung in ihren vielen Gestalten?

1. Das Theodizee-Problem

Sehr oft wird gefragt: Müsste die Welt nicht anders aussehen, wenn Gott allmächtig und gut ist? Wie kann Gott das alles zulassen? Und dieser Gott soll Liebe sein? Wenn er es nicht verhindert, dass Menschen sich gegenseitig quälen und umbringen?

Viele zweifeln an Gott, weil sie das Leid als Gegenargument zu Gottes Liebe empfinden; und weil sie wissen, dass nicht jedes Leid die Folge von menschlicher Schuld ist. Die Frage nach dem Leid, »das ist der Fels des Atheismus«[53], hat der Dichter Georg Büchner bekundet; und er spricht nicht wenigen aus dem Herzen.

Das *Leid* ist zu unterscheiden vom *Bösen*. Ganz voneinander zu trennen sind diese Bereiche aber nicht. Denn das Leid ist zum Teil eine Folge des Bösen. Das Leid wie erst recht das Böse ist eine ernsthafte Herausforderung für den Glauben an Gott – und somit für die Hoffnung auf ein jenseitiges Leben.

Die vom Menschen verschuldete Not und das schicksalhafte, auf *keine Schuld* zurückführbare Übel sind unermesslich.

Die Schmerzen schon der unvernünftigen Kreatur, die geschundenen Leiber unzähliger Menschen, die Qual der von niemand Getrösteten, all das schreit zum Himmel.

Wir können der Frage nicht ausweichen: Ist der Glaube an Gottes – den Tod überwindende – Liebe *begründet*, trotz des Bösen in der Welt? Bevor ich auf Stellungnahmen zum ›Theodizeeproblem‹ eingehe, schicke ich eine persönliche Bemerkung voraus: Ich glaube, dass die Frage nach dem *Woher* des Bösen und dem *Sinn* des Leidens niemand abschließend beantworten kann. Die üblichen Antworten sind nur unzureichende Erklärungs-*Versuche*. Andererseits habe ich am eigenen Leib erfahren, dass Gott das Leid zwar nicht verhindert, dass er seine Liebe aber dadurch erweist, dass er *beisteht*: sei es in Menschen, die mir helfen, sei es durch die Kraft, die er gibt, um Leid zu ertragen.

Dennoch kann ich verstehen, dass selbst ›glaubensfeste‹ Christen immer wieder das Dasein eines liebenden Gottes bezweifeln – und sich nicht vorstellen können, dass es eine Erfüllung des Lebens jenseits des Todes gäbe. Schon der altkirchliche Schriftsteller Lactantius hat das Problem, mit Bezug auf den griechischen Philosophen Epikur, so formuliert:

> Gott will entweder das Übel wegschaffen und kann es nicht; oder er kann es und will es. Wenn er nur will und nicht kann, ist er schwach, was für Gott nicht zutrifft. Wenn er kann und nicht will, ist er missgünstig, was gleichfalls Gott fremd ist. (…) Wenn er aber will und kann, was allein Gott ziemlich ist: Woher kommen dann die Übel und warum beseitigt er sie nicht?[54]

Lactantius' These scheint – so der katholische Theologe Gisbert Greshake – »gegen alle Erfahrung zu sprechen und somit geradezu einen Erfahrungsbeweis gegen die Existenz eines allmächtigen und allgütigen Gottes zu liefern«[55]. Greshake aber hält daran fest: Es sei grundsätzlich möglich und erforderlich, das Leid »wenigstens ansatzweise in einem Sinnhorizont zu sehen, der dem Glauben an einen Gott, der mit unendlicher Liebe seine Schöpfung liebt, nicht widerspricht«.

Dieselbe Überzeugung vertritt der evangelische Theologe Wilfried Härle: Die vielfachen Übel in der Welt müssten dem Glauben an einen allgütigen, allweisen und allmächtigen Schöpfer nicht widersprechen. Allerdings müsse sich der christliche Glaube an Gott und das ›ewige Leben‹ auf die Einwände einlassen, die mit dem Stichwort ›Theodizeeproblem‹ bezeichnet werden.[56]

Kommt das Leid, so wird oft gefragt, aus Gottes Hand? In seiner Studie ›Warum lässt Gott uns leiden?‹ kritisiert Karl Rahner alle traditionellen Antworten auf diese Frage als unzureichend. Er betont: »Die Unbegreiflichkeit des Leides ist ein Stück der Unbegreiflichkeit Gottes.«[57] Greshake indessen gibt zu bedenken: »Eine nur resignativ-traurige Haltung, am Leiden sei rein gar nichts zu verstehen, macht dieses nur noch größer.«[58] Folglich verlange das Gespräch mit dem Atheismus nach einer »Theorie, welche die Vereinbarkeit von Gottesglauben und Leiden der Kreatur zu verantworten sucht«.

2. Der Preis der Liebe – zu hoch?

Greshake ist überzeugt: Wäre Gottes Wesen *in jeder Hinsicht* unverständlich, dann hätte es keinen Sinn mehr, von Gottes Liebe zu reden. Der theologische Denker *will* aber glauben, er *will* seinem Gott vertrauen: im Leben und im Sterben. Also versucht er, sich der Theodizeefrage zu stellen und eine vorläufige, wenigstens halbwegs befriedigende Antwort zu finden.

Mit Bezug auf das Theodizeeproblem hebt Greshake den Wert der menschlichen *Freiheit* hervor. Wie auch andere Theologen sieht er einen strikten Zusammenhang von göttlicher *Liebe*, menschlicher *Freiheit*, Wirkkraft des *Bösen*, existenziellem *Leid* und *Auferstehung* der Toten. Diese Aspekte bilden für Greshake einen Zirkel: Einerseits ist die Kehrseite der göttlichen Liebe die menschliche Freiheit, damit aber auch die Möglichkeit des Bösen und des Leides. Und andererseits wird, der Zusage Jesu gemäß, die künftige Herrlichkeit das Geschenk der göttlichen Liebe sein. Das ewige Leben wird uns zuteil – sofern wir Gottes Liebe in Freiheit erwidern.

Greshake unterstreicht: Die Freiheit des Menschen ist die Voraussetzung für eine den Tod überwindende *Partnerbeziehung Gottes zum Geschöpf.* Die *göttliche* Freiheit bzw. Liebe korreliert mit der *menschlichen* Freiheit bzw. Liebe. Denn »Liebe kann nur im Wechselspiel der Freiheit sein: Kraft seiner Freiheit kann der Mensch (…) Gott die Antwort der Liebe geben oder verweigern.«[59]

Der Mensch also kann wählen, das Leben oder den Tod. Diesem Grundsatz entsprechend hatte der Religionsphilosoph Paul Tillich formuliert: Das Böse sei »die tragische Folge kreatürlicher Freiheit«[60]. Wilfried Härle fügte dieser Aussage hinzu: Die Freiheit sei ein so hoher Wert, dass »als Preis für sie die *Möglichkeit* des moralischen Übels in Kauf zu nehmen ist«[61].

Nicht zu bestreiten: Mit der Freiheit ist immer auch die Möglichkeit von Leid erzeugendem Bösen gegeben. Würde Gott dieses Leid verhindern, so hieße dies nach Greshake, »dass Gott dem Menschen die Freiheit und damit die Möglichkeit wirklicher Liebe nimmt«[62].

Greshakes Gedankengang könnte allerdings problematisch erscheinen: Geht es Gott nur um die Freiheit der *Täter?* Was wird aus der Freiheit der *Opfer?* Wer die Freiheit, mit ihren schrecklichen Konsequenzen, *so* sehr betont wie Greshake, provoziert die Frage: Müsste die – durch genetische und sonstige Einflüsse ja ohnehin begrenzte – Freiheit des Einzelnen nicht beschränkt sein durch die Freiheit des *anderen*, des Schwächeren?

Das Böse bzw. das Leid will Gott, so Greshake, »absolut nicht«[63]. Er nimmt jedoch das mögliche Böse ›in Kauf‹! Theologen wie Greshake oder Härle bestehen darauf: Die menschliche Fähigkeit zum Bösen und das daraus resultierende Leid seien der unumgängliche *Preis der Liebe Gottes* bzw. der Freiheit des Menschen.

Das mit dem »Preis der Liebe« verknüpfte Theodizeeproblem ist schwierig. Wenn Gott die Liebe ist, kann er das Böse »absolut nicht« wollen. Da das Böse, aufgrund der Freiheit, aber dennoch existiert, wie ist es dann um die *Allmacht* Gottes bestellt? Die göttliche ›Allmacht‹ deutet Greshake als Macht der Liebe, die »durch Werben, Locken, Betteln und geduldiges Warten die Freiheit des andern zu gewinnen sucht. Und weil es die Liebe des allmächtigen Gottes ist, darf ihr zugetraut werden, dass sie Weisen des Werbens kennt, die (…) endlich bei jedem – unter Berücksichtigung seiner Freiheit – zum Ziel führt.«

Gegen diese Sichtweise erhoben Walter Gross und Karl-Josef Kuschel den Einwand: »Ist denn im Ernst ein Gott aushaltbar, der aus Liebe all das Leiden buchstäblich mit ansehen könnte, ohne es zu verhindern (…), nur weil er die ›Freiheit‹ des Menschen respektiert?«[64] Doch Greshake entgegnet: »Wie wäre im Ernst ein Gott aushaltbar, der immer dann den Sinn der Schöpfung (…) durch einen mirakelhaften Eingriff ›von oben‹ zurücknimmt, wenn die Freiheit dabei ist, sich schuldhaft zu verfehlen?«[65]

Aber auch hier kann wieder gefragt werden: Ist Greshakes Formulierung – »wenn die Freiheit dabei ist, sich schuldhaft zu verfehlen« – nicht zu verharmlosend? Angesichts der Entsetzlichkeiten, die Menschen einander antun!

Das Theodizeeproblem wird noch dadurch verschärft, dass ja nicht nur Menschen leiden, sondern auch Tiere, die keinen freien Willen haben und folglich nicht sündigen können. Überhaupt gibt es viel Leid, das mit Freiheit und ihrem möglichen Missbrauch überhaupt nichts zu tun hat.

Unstrittig ist: Vom moralischen Übel, das aus dem Missbrauch der Freiheit durch den Menschen stammt, ist das strukturelle Übel zu unterscheiden, dessen Ursache in der Schöpfung selbst steckt. Wie aber ist dieses kreatürliche, nicht vom Menschen bewirkte Leid zu deuten?

Die traditionelle Theologie führte auch das ›physische Leid‹ auf das ›moralische Leid‹, also auf die Sünde zurück: Weil der Mensch gesündigt habe, seien die Strukturen der Welt so leidvoll geworden. Doch diese Auffassung wird heute von keinem namhaften Theologen mehr vertreten.

Die grundsätzliche Vereinbarkeit von göttlicher Liebe und kreatürlichem Leid kann – so müssen wir sagen – nicht bewiesen, sondern nur *geglaubt* und *erhofft* werden. Einer der bedeutendsten Denker des Abendlands, Immanuel Kant, hat ja schon längst gezeigt: Theodizee-Versuche, die einen *Beweis*-Anspruch erheben, müssen notwendig scheitern.[66]

Die Unmöglichkeit einer Theodizee mit Beweischarakter unterstreicht auch Wilfried Härle. Zugleich aber bekennt er sich zur »Hoffnungsaussage«[67], dass Gottes Liebe alles zum Guten führen werde. Trotzdem fragen gerade auch Christen nach dem Warum und Woher des Leidens. Mit dem Naturwissenschaftler und Mystiker Teilhard de Chardin ist Greshake der Meinung, dass zwar nicht das Böse, wohl aber die physischen Leiden – Naturkatastrophen usw. – ein unvermeidliches »Nebenprodukt« der Evolution seien. Diese natürlichen Übel aber sprächen nicht gegen die Existenz eines gütigen und mächtigen Schöpfers.

Diese Argumentationsweise, die den Schöpfer gleichsam ›entlasten‹ möchte, ist freilich, auch innerhalb der katholischen Theologie, nicht unangefochten. Erscheint ein Gott, der Unschuldige leiden lässt und überdies »das Risiko der Schöpfung freier Wesen eingeht«, nicht – wie es der Theologe Armin Kreiner formulierte – als »ein skrupelloser Kalkulierer, der ohne jede Rücksicht auf die Opfer ausschließlich auf die Gesamtbilanz [Geschöpfen Anteil an seinem Leben zu geben] schielt?«[68]

3. Und nochmals – warum?

Angesichts dieser dem Übermaß des Leidens entspringenden Frage verweist Greshake auf einen Gedanken, der vor allem von evangelischen Theologen wie Dietrich Bonhoeffer oder Jürgen Moltmann vertreten wurde: dass Gott selbst in das Leiden mit eingeht und es zum eigenen macht. Diese Theologie des Mit-Leidens Gottes könne Kraft geben zum Kampf gegen das Leid, zum Durchhalten im Schmerz, zur Sinnfindung des Lebens.

Als Häftling im Konzentrationslager schrieb Bonhoeffer: »Nur der leidende Gott kann helfen.«[69] Karl Rahner freilich wandte dagegen ein: Um »aus meinem Dreck und Schlamassel und meiner Verzweiflung herauszukommen, nützt es mir doch nichts, wenn es Gott – um es einmal grob zu sagen – genauso dreckig geht«[70].

Doch Greshake lässt diesen Einspruch nur bedingt gelten. Es sei keineswegs so, dass Gott *schlechthin* ins Leiden versinkt und uns deshalb nicht mehr zu retten vermag. Vielmehr sei das Eintauchen in menschliches Leid für die »drei Personen« Gottes unterschiedlich:

> Es ist der *Sohn*, der als Menschgewordener völlig in unser menschliches Leid verwickelt ist (...); es ist der *Heilige Geist*, dessen ›Stöhnen‹ sich nach Römer 8,26 mit den Leidensschreien der Schöpfung vereint (...); und es ist der *Vater*, der (...) das Leiden der Schöpfung trägt und zu einem guten Ende führt.[71]

Nur Sprachartistik? Was Greshake sagen will, ist m. E. dies: Inmitten aller Ängste und Nöte sind wir *getragen* von Gott. Wir dürfen – wenn wir angesichts des Leidens und des Sterbens die Hoffnung nicht aufgeben wollen – an die Bibelstelle denken: »Ich bin davon überzeugt, dass die jetzigen Leiden nichts bedeuten im Vergleich zu der Herrlichkeit, die an uns offenbar werden soll« (Röm 8,18).

Hinter dem Paulus-Wort steht die Überlegung, dass selbst die schlimmsten Leiden immer nur endlich sind, das Ziel der Schöpfung jedoch »ein *unendliches* Versprechen ist: Teilhabe am *unendlichen* Leben Gottes«[72]. Bekanntlich hat der Mathematiker und Philosoph Blaise Pascal im ›Argument der Wette‹ demonstriert: So absolut unvergleichlich ist das Verhältnis von endlich und unendlich, »dass im Fall einer notwendigen Wahl stets auf die Karte des Unendlichen zu setzen ist, aus dessen Perspektive gesehen das Endliche immer nur Passage, Übergang, ist und als solches sowohl als er-›tragbar‹ wie auch gewissermaßen als legitimierbar erscheint«.

Wer an ein besseres Leben in der kommenden Welt glaubt, lebt *jetzt schon* besser. Wenn wir von Gott eine Heimat erwarten, in der es keine Klage mehr gibt, dann kann dem Leid *schon jetzt* der Stachel der Sinnlosigkeit genommen werden. Denn das letzte Wort – so hofft es der Glaubende – wird nicht der Tod haben, sondern die göttliche Liebe, die den Tod überwindet.

In der Klinik- und Pfarrseelsorge konnte ich oftmals erleben: Wo das Leid zwar nicht zu vermeiden ist, kann es dennoch bestanden werden. Es bleibt aber dabei: Brennende Fragen müssen wir ungelöst stehen lassen. Die oft zitierte Bemerkung des im Sterben liegenden Religionsphilosophen Romano Guardini behält ihre Aktualität: Er werde sich im Endgericht »nicht nur fragen lassen, sondern auch selber fragen; er hoffe in Zuversicht, daß ihm dann der Engel die wahre Antwort nicht versagen werde auf die Frage, die ihm kein (...) Dogma und kein Lehramt (...) habe beantworten können: Warum, Gott, zum Heil die fürchterlichen Umwege, das Leid der Unschuldigen, die Schuld?«[73]

4. ›Die himmlische Rechenkunst‹

Ist das Vertrauen in einen letzten Sinn des Lebens und Sterbens, ist die Hoffnung auf einen allmächtigen, liebenden Gott angesichts des vielfachen Übels in der Welt zu verantworten? Nach christlich-jüdischer Glaubensüberzeugung enthält in erster Linie die *Bibel* Gottes Botschaft an uns Menschen. Könnten also biblische Geschichten uns weiterhelfen bei der Suche nach einem göttlichen Du, das uns niemals im Stich lässt, auch nicht im Leiden und Sterben?

In den folgenden Abschnitten sollen biblische Texte zu Wort kommen, aber auch belletristische Werke der Neuzeit, die dem biblischen Denken verpflichtet sind. Im Zentrum steht durchgängig die Frage: Gibt es eine begründete Zuversicht, dass jede individuelle Lebensgeschichte zu ihrem besonderen Ziel, zu einer absoluten Erfüllung kommt, die das irdische Dasein transzendiert und vollendet?

Die Frage nach dem ›Warum‹ des übergroßen Leids kann letztlich nur Gott uns beantworten. *Dies* freilich durfte ich selbst erleben: Das Leid muss, im Unterschied zum Bösen, nicht in jedem Fall etwas Negatives sein. Es kann auch Gutes bewirken, es kann auch zu Gott führen. Schon mehrfach konnte ich es erfahren: Verweigerungen des Lebens haben sich, zu einem späteren Zeitpunkt, als heilsam erwiesen. Die Zukunft ist offen, meine Sehnsucht kann noch gestillt werden. Und was ich verloren habe, kann ich in neuer, *verwandelter*, Weise zurückgewinnen.

So lesen wir in einem 1942, während der Todesnächte des Zweiten Weltkriegs, entstandenen Gedicht von Werner Bergengruen:

Was dem Herzen sich verwehrte,
Laß es schwinden unbewegt.
Allenthalben das Entbehrte
Wird dir mystisch zugelegt.

Liebt doch Gott die leeren Hände,
und der Mangel wird Gewinn.
Immerdar enthüllt das Ende
Sich als strahlender Beginn.

Jeder Schmerz entläßt dich reicher.
Preise die geweihte Not.
Und aus nie geleertem Speicher
Nährt dich das geheime Brot.[74]

Mit ›Die himmlische Rechenkunst‹ ist dieses Gedicht überschrieben. Ohne den Schmerz zu verharmlosen, lehren uns Bergengruens Verse eine letzte Zuversicht: Es gibt einen geheimen, »nie geleerten«, also unerschöpflichen Speicher, der uns ernährt. Unsere »leeren Hände« werden gefüllt. Und selbst noch »das Ende«, der Tod, wird sich »enthüllen« als etwas Gutes: »als strahlender Beginn«.

Es ist eine Lebensweisheit und ein Geheimnis des Glaubens: Schwere Prüfungen sind immer auch eine Chance. Sie eröffnen die Möglichkeit, innerlich zu reifen, den Daseinshorizont zu erweitern und die Gottesbeziehung authentischer zu leben. Erfüllt und bereichert wird unser Leben ja nicht nur in Glückserfahrungen. Erfüllt wird es gerade auch dann, wenn wir durch die vielfältigen Erfahrungen des Leidens und des, allgegenwärtigen, Sterbens hindurchgehen – und an solchen Erfahrungen nicht zerbrechen, sondern daran wachsen.

»Jeder Schmerz entläßt dich reicher«, heißt es in Bergengruens Gedicht. Im täglichen Leben und in der Dichtkunst aller Zeiten wird diese Einsicht bestätigt.

5. Ein Ringen mit Gott

Bergengruens Verse lassen die Erfahrung der *Mystik* anklingen. Das mystische Erleben kennt die ›Ekstase‹, die große Erfüllung, aber auch – die ›dunkle Nacht‹, die ›Seelenfinsternis‹, die ›gefühlte‹ Gottesferne, in der sich Gott dem Menschen entzieht, ihn in die ›Schule des Leids‹ nimmt: um ihm ein neues und größeres Leben zu schenken.

Das neu geschenkte Leben führt zur Begegnung mit dem *wahren Gott*, der nicht identisch ist mit unseren Vorstellungen und Projektionen. Im Anschluss an den Mystiker Johannes vom Kreuz erklärt Anselm Grün:

> Johannes unterscheidet eine dunkle Nacht der Sinne und eine dunkle Nacht des Geistes. In dieser dunklen Nacht (...) zwingt uns [Gott], unsere Projektionen von Gott zu unterscheiden. Er läutert uns, damit wir (...) uns dem ganz anderen Gott öffnen, der jenseits unserer Sinne ist. (...) In der passiven Nacht des Geistes erfährt der Mensch Gottes Nähe als Dunkelheit.[75]

In alttestamentlichen Erzählungen begegnen uns Symbolgestalten, die in der ›Gottesfinsternis‹, im Kampf mit dunklen Gewalten, zu ihrer wahren Bestimmung finden. Der anschaulichste Text dieser Art ist die Schilderung eines nächtlichen Zweikampfes zwischen dem Erzvater Jakob und einer rätselhaften Gestalt am Fluss Jabbok (Gen 32,23–31).

Worum geht es in dieser Geschichte? Sie kann als Kampf des Erzvaters mit sich selbst gedeutet werden, aber auch als innere Auseinandersetzung mit Gott. Es geht im Kern jedenfalls um das *Festhalten an Gott*, auch und gerade dann, wenn dieser Gott sich von der ›dunklen‹ Seite zeigt. Aus dem Ringkampf geht Jakob verwandelt hervor. Die Erfahrung des ›dunklen Gottes‹ hat den Erzvater zum Segen gemacht für andere. Allerdings nicht ohne einen Preis: Jakob hinkt, er muss leben mit seiner Behinderung. Er bleibt verwundet von Gott und bekennt: »Ich habe Gott von Angesicht zu Angesicht gesehen und bin doch mit dem Leben davongekommen« (Gen 32,31).

Welchen Sinn hat die Leiderfahrung des Jakob? Die Verletzung durch Jahwe – oder dessen Sendboten – führt bei Jakob zur größeren Reife, auch zur Einsicht in die eigene Schuld. Und am Ende dieses Prozesses steht nicht der Zweifel an Gott, sondern eine neue, tiefere Gottesbeziehung.

Jakobs Verletzung war ein begrenzter, *erträglicher* Schmerz. Wie aber, wenn das Leiden unerträglich wird? Wenn es sich steigert ins Maßlose? Wie bei Hiob, dem erfolgsverwöhnten Mann, dem reichen Gutsbesitzer im Lande Uz?

Nach einem glücklichen Leben, nach wahrhaft erfüllten Jahren hat Hiob seinen ganzen Besitz verloren, auch alle seine Söhne, alle seine Töchter, zuletzt noch seine Gesundheit. Jetzt, in der tiefsten Depression, bleibt ihm nur noch der Jammer, der Aufschrei – gegen *Gott.* Der von Jahwe Geschlagene hadert mit seinem Schicksal. Er verlangt Rechenschaft vom Herrn (Ijob 10,1–22).

Doch der Leidende, der sich auflehnt gegen Gott, steht zum göttlichen Du in einer *intensiven Beziehung.* Hiob möchte vom Leben spendenden Gott einen Akt der *liebenden Zuwendung* erzwingen: Gott selbst soll seine ›Theodizee‹ vollbringen und durch Taten beweisen – weil der Mensch im Grunde seines Wesens an die ›Rechtfertigung‹ Gottes glauben *will.*

6. Klage, Anklage, Protest

Der Erzvater Jakob war ursprünglich ein Betrüger. Im Falle des leidenden Hiob aber wird in der Bibel keine sündige Vorgeschichte erzählt. In den Augen der Umwelt und in der Selbsteinschätzung war Hiob ein ›Gerechter‹, ein frommer, Gott wohlgefälliger Mann. Sein Schmerz ist, dem biblischen Text nach, keine Folge von Schuld. Wie soll dieses Leid dann aber erklärt werden? Warum muss Hiob alles verlieren, warum wird ihm alles genommen?

Fürs Erste ist einfach zu sagen: Hiob bringt eine Erfahrung zur Sprache, die jedem Menschen, mehr oder weniger, zuteil wird: die Erfahrung des unerträglichen Leids, der grenzenlosen Enttäuschung.

Die Schuld an der ganzen Misere sucht Hiob nicht bei sich selbst und nicht in einer innerweltlichen Ursache, sondern *in Gott* als dem Schöpfer der Welt. Seine Logik: Die Letztverantwortung für alles trägt ER – der allmächtige Gott.

Der Hiobsfigur wird alles fragwürdig, die ganze Schöpfung mit ihren Grausamkeiten und Widersprüchen. Auch die Vorstellungen, die sich Hiob von Gott gemacht hat, können der Leid- und der Todeserfahrung nicht standhalten. Für den gequälten Hiob, in seiner Wahrnehmung, verdunkelt sich Gott radikal.

Hiobs Klage wird zur Anklage gegen Gott: »Ich schreie zu dir, doch du hörst mich nicht; ich stehe vor dir und du achtest nicht mein«, stellt Hiob seinen Gott zur Rede (Ijob 30,20). In seiner Verbitterung ist Hiob freilich kein Einzelfall. Ähnlich wie Hiob empfinden auch andere Symbolgestalten der Bibel, der Prophet Jeremia zum Beispiel: »Um deiner Hand willen sitze ich einsam da, denn mit Fluch hast du mich angefüllt. Warum dauert mein Schmerz denn ewig, warum ist meine Wunde unheilbar?«, beschwert sich Jeremia bei Gott (Jer 15,17 f.).

Auch Jeremia rebelliert. Er fordert sein Recht, er verteidigt seine Würde auch Gott gegenüber. Er wagt es sogar, den einen Gott Jahwe auf eine Stufe mit den vielen Göttern der Heiden zu stellen – mit den Götzen also, die anzurufen keinen Wert hat:[76] »Fürwahr«, spricht Jeremia zu Gott, »du bist mir wie ein Trugbach, dessen Wasser unzuverlässig ist« (Jer 15,18b).

Das Reden mit Gott, wie die Bibel es kennt, kann die Form des bittersten Vorwurfes haben: »Mein Gott, warum hast du mich verlassen?« (Ps 22,2), klagt der alttestamentliche Beter in seiner Verzweiflung. Und auch Jesus schreit diese Worte (Mk 15,34) dem himmlischen Vater entgegen.

Die *Anklage* gegen Gott kann umschlagen in die *Absage* an Gott, ja in die Bestreitung der Existenz Gottes (Ps 14,1). Aber – der Aufschrei kann auch die Weise sein, wie der Leidende mit Gott ›im Gespräch‹ bleibt und die Verbindung mit dem göttlichen Du nicht abreißen lässt. Die Anklage, der Protest, der härteste Vorwurf – sie können einmünden in ein letztes Vertrauen, das die Sinnfrage offenhält und selbst noch im Sterben die Hoffnung nicht fallen lässt.

Mit den Worten des Psalmisten »Vater, in deine Hände lege ich meinen Geist« (Ps 31,6) stirbt Jesus am Kreuz: im Glauben, dass der Vater ihn auferwecken werde in Herrlichkeit.

7. Die ›dunkle Seite‹ Jahwes

Die größte Qual und das stärkste Vertrauen können miteinander verknüpft sein. Ein Beispiel aus der Weltliteratur ist Fjodor M. Dostojewski. Er schreibt, die Frage nach der Existenz Gottes habe ihn zeitlebens gequält[77] – als Glaubender, der an Gott und seiner Liebe ein Leben lang festhielt.

Dostojewski, der die Pfade des Unglaubens bis an letzte Grenzen erforschte, hatte sich durchgerungen zum Glauben an eine jenseitige, durch Gottes Liebe gewährte Entschädigung für irdisches Leid. In der diesseitigen Wahrnehmung vieler Leidender aber verbirgt sich Gott in der Dunkelheit.

Dass Gott auch ›dunkle Seiten‹ habe, wurde von C.G. Jung in seiner ›Antwort auf Hiob‹ (1952) leidenschaftlich beschrieben.[78] Im Blick auf negative Lebenserfahrungen ist Peter Schellenbaum, ein Jung-Schüler, der Ansicht: Unsere Gottesbeziehung bleibt nur dann lebendig, »wenn wir uns auch den dunklen Seiten Gottes aussetzen. Wenn wir nur immer von der barmherzigen Liebe Gottes sprechen, dann wird unsere Gottesbeziehung langweilig und irgendwann unfruchtbar.«[79]

Inwiefern aber könnte in Gott etwas Dunkles sein? Mit der ›dunklen Seite‹ Gottes kann m.E. auf keinen Fall gemeint sein, dass es in Gott selbst, neben der guten Seite, auch böse Anteile gebe. Ein solches Gottesbild würde sich selbst ad absurdum führen und den Menschen »in eine Schizophrenie treiben«[80].

Zu einem Gott, der gut und böse zugleich ist, kann ich nicht beten. Einem solchen Gott könnte ich mich in keiner Situation anvertrauen, erst recht nicht in Todesnöten. Was das Bild von der ›dunklen Seite‹ Gottes aber realistisch zum Ausdruck bringt, ist die leidvolle Erfahrung, die in der Theologie unter dem Begriff des *verborgenen* Gottes (vgl. Jes 45,15) behandelt wird: Gottes Wirken ist aus menschlicher Sicht oftmals unverständlich und insofern ›dunkel‹.

Diese dunkle Erfahrung hat Paulus in die Worte gefasst: »O Tiefe des Reichtums, der Weisheit und der Erkenntnis Gottes! Wie unergründlich sind seine Entscheidungen, wie unerforschlich seine Wege! Denn wer hat die Gedanken des Herrn erkannt! Oder wer ist sein Ratgeber gewesen« (Röm 11,33 f.).

Die Schriften des Neuen Testaments bezeugen: Der unbegreifliche Gott hat sich in der Person Jesu Christi als unendliche Liebe geoffenbart. Und doch bleibt dieser Gott ein Geheimnis. Die Frage nach der Herkunft des Leids und seiner Vereinbarkeit mit Gottes Liebe ist nicht hinreichend zu beantworten. Man sollte dies zugeben, auch als Christ: Wenn Gott ein Geheimnis ist, das wir nicht messen können mit unseren Maßstäben, dann bleiben offene Fragen, notwendig und unvermeidbar.

Vom Verstand her werden wir immer genügend Gründe finden, die für oder gegen die Existenz eines liebenden Gottes sprechen. Ob ich ja oder nein sage zu Gott, hängt von einer *Entscheidung* ab, die letztlich nicht der Verstand, sondern das ›Herz‹ trifft. Damit ist nicht gesagt, dass die Entscheidung des ›Herzens‹ nicht zugleich auch vernünftig sein könne: Was wäre eigentlich – vernünftig gefragt – gewonnen, wenn wir den Glauben an einen liebenden ›Vater im Himmel‹ preisgeben würden?

8. »Fort von allen Sonnen?«

Was wir in diesem Falle *verlieren* würden, hat Jean Paul in der Form eines Albtraums vor Augen geführt. Im Roman ›Siebenkäs‹ (1796/97) lässt der Dichter den toten Christus sprechen:

> »Ich ging durch die Welten, ich stieg in die Sonnen und flog mit den Milchstraßen durch die Wüsten des Himmels; aber *es ist kein Gott.* Ich (…) schauete in den Abgrund und rief: ›Vater, wo bist du?‹, aber ich hörte nur den ewigen Sturm, den niemand regiert.«

Auf Christi angstvolle Frage »Vater, wo bist du?« folgt keine Antwort. Jean Paul bzw. der träumende Erzähler fährt fort:

> »Da kamen (…) die gestorbenen Kinder, die im Gottesacker erwacht waren, in den Tempel und warfen sich vor die hohe Gestalt am Altare und sagten: ›Jesus! haben wir keinen Vater?‹ – Und er antwortete mit strömenden Tränen: ›Wir sind alle Waisen, ich und ihr, wir sind ohne Vater.‹«[81]

Die Kinder versinken und das Weltgebäude stürzt ein. Was bleibt, ist die Dunkelheit, die ewige Todesnacht. Freilich handelt es sich um ein *Angstgebilde*, das den Träumer nach dem Erwachen erst recht im Gottesglauben bestärkt. Schließlich war der Autor Jean Paul kein Atheist, sondern ein bei allem Ringen und Suchen gläubiger Christ.

Andere Autoren jedoch, z. B. Georg Büchner in seinem Dramenfragment ›Woyzeck‹ (1836/37), beziehen im Blick auf den Zustand der Welt eine radikal atheistische Position: ohne die Gestaltung des Untergangs als Traumgeschehen. In der Sicht Büchners gibt es für den kranken und gedemütigten Soldaten Woyzeck, überhaupt für die leidende Menschheit, keinerlei Trost. Denn es gibt keinen rettenden Gott, keine Zukunft über die Todesgrenze hinaus.

Bekannter noch als Büchners Werk ist die Rede des »tollen Menschen« in Nietzsches ›Die fröhliche Wissenschaft‹ (1882). Der Autor lässt seinen Helden, den »tollen Menschen«, Gott für »tot« erklären: »›Wohin ist Gott?‹ rief er. ›Ich will es euch sagen! Wir haben ihn getötet – ihr und ich! Wir alle sind seine Mörder!‹« Der »tolle Mensch« beschreibt auch sogleich die Konsequenz des ›Todes Gottes‹:

»Was taten wir, als wir diese Erde von ihrer Sonne losketteten? Wohin bewegt sie sich nun? Wohin bewegen wir uns? Fort von allen Sonnen? (…) Haucht uns nicht der leere Raum an? Ist es nicht kälter geworden? Kommt nicht immerfort die Nacht (…)? Wie trösten wir uns, die Mörder aller Mörder? (…) Müssen wir nicht selber zu Göttern werden (…)?«[82]

Der sterbliche Mensch soll an die Stelle des allmächtigen, unsterblichen Gottes treten! In seiner Prophetie, der Vision der Gottlosigkeit, sollte Nietzsche Recht behalten: Die geistige Situation ›nach dem Tode Gottes‹ hat er im »tollen Menschen« vorausschauend beschrieben. Aber – wollte Nietzsche das wirklich: »Fort von allen Sonnen?«

Ich möchte den Nietzsche-Text eher im Sinn des Angsttraumes in Jean Pauls Roman interpretieren: Die Worte und Bilder des »tollen Menschen« klingen nicht wie ein Freudenlied. Sie offenbaren vielmehr »Schrecken und Entsetzen«[83] über die unheimlichen Folgen der Gottlosigkeit.

9. Die göttliche Verheißung

Nietzsche entschied sich – anders als Jean Paul – *gegen* den Glauben an einen mächtigen, rettenden Gott. Wer aber *leben* will, wer sich sehnt nach bleibendem Glück, der sollte sich fragen: Welche Entscheidung ist für den Menschen bekömmlicher? Das Urvertrauen in die Güte des Seins oder der Zweifel an allem? Die Hoffnung oder die Resignation?

Der Glaubende kann sich, wie Hiob, mitten im Leiden an Gott wenden – und sei es in der Form des Protests. Der Atheist hat es wesentlich schwerer.[84] Will er konsequent sein, muss er angesichts des Leidens und des Sterbens verstummen, muss es als sinnlos betrachten und die Welt als Ganze zum Irrsinn erklären.

Das Leben als *insgesamt* und *absolut* sinnlos anzusehen ist aber moralisch nicht möglich. Eine solche Haltung wäre untragbar, sie darf »nicht akzeptiert werden«[85]. Denn wer *alles* für sinnlos erklärt, stellt in der Konsequenz den Unterschied von Recht und Unrecht in Frage. Wenn nun aber das Gute, wenn die Liebe grundsätzlich sinnvoll ist, dann muss auch die Idee einer *absoluten*, einer unvergänglichen, den Tod und jegliches Übel *überwindenden* Liebe sinnvoll sein.

Für den Atheismus wird das Übel bzw. der Tod zu etwas Normalem, mit dem man sich abfinden muss. »Demgegenüber findet sich der Glaube an Gott« – so Wilfried Härle – »nicht mit dem Übel ab, er *protestiert* im Namen der göttlichen Bestimmung und Verheißung gegen das Übel in der Welt.«[86]

Das Übel wird durch den Atheismus nicht leichter und das Leben nicht heller. Der engagierte Protest hingegen setzt ein Vorverständnis von Sinn, von Güte und Liebe voraus. Er setzt eine Instanz voraus, die diesen Protest zur Kenntnis nimmt und gegen die er sich richtet. »Wir stehen doch hier« – schrieb Karl Rahner – »vor dem Dilemma, entweder uns immer neu davon zu überzeugen, daß dieser Schrei des Protestes (...) gehört und beantwortet wird in einer Weise, die von hier aus nicht begriffen (...) werden kann, oder uns davon zu überzeugen, daß alle diese Proteste von vornherein sinnlos sind.«[87]

Der Glaubende kann das Leid zwar auch nicht erklären. Aber sein Vertrauen auf eine sinnvolle und befreiende Antwort, die die Welt nicht zu geben braucht, weil sie von Gott kommt (auch wenn dieser Gott jetzt dunkel erscheint), ist dem Rang und der Unersetzlichkeit jedes Menschen gemäßer als die Resignation oder der bloße Protest.

Die unsäglichen Verbrechen in aller Welt werden oft als Hindernis für den Glauben an Gott empfunden. Es ist aber – so Jürgen Moltmann – nicht einzusehen, warum »nach Auschwitz« nicht mehr geglaubt werden könne, wo doch *in* Auschwitz geglaubt und gebetet wurde.[88] Gerade nach Auschwitz muss man glauben – wenn man den Ermordeten »nicht ihre letzte Würde und Bedeutsamkeit absprechen will«[89]. Gerade *weil* das Leid alle Maßstäbe sprengt, darf man die »Hoffnung auch für den Martyrer« nicht preisgeben.

Gerade im Schlimmsten sind wir, nach dem Verständnis der Bibel, auf Gottes Versprechen verwiesen: auf die Treue Gottes, der jede Träne wegwischen wird von unseren Augen (Offb 21,4). Eine Vertröstung auf später? Ja und nein. Ja, sofern ›Erlösung‹ nicht unser, sondern Gottes Werk ist. Nein, sofern der Glaube an Gott das *Leben im Hier und Jetzt* bedeutend erleichtert und den *Einsatz für eine bessere Welt* nicht lähmt, sondern herausfordert und beflügelt.

10. Sieg über Elend und Tod

Weil Gott kein Gott der Toten, sondern der Lebenden ist (Mk 12,27), weil er sich, besonders in Jesus, gegen das Unrecht gewandt hat, ist der Glaubende solidarisch mit allen, die das Leid bekämpfen und, wenigstens ein Stück weit, zurückdrängen. Er beteiligt sich an diesem Kampf und weiß zugleich, dass er nicht dazu verdammt ist, sich selbst und die Weltgeschichte erlösen zu müssen. Denn Glaubende sind »erlöste Revolutionäre«[90], die sich selbst und ihre Umgebung in die kommende Vollendung, die *Gottes* Tat ist, mit einbringen.

Für den *Kampf gegen die Todesmächte* bei gleichzeitigem *Vertrauen auf Gott* gibt es in der Menschheitsgeschichte sehr beeindruckende Beispiele. Ich denke etwa an das Lebenswerk der Mutter Theresa von Kalkutta. Ich denke an den Einsatz der ungezählten Gläubigen (seien es Christen oder Nichtchristen) für Benachteiligte in aller Welt.

Auch in der Literatur finden wir sehr anrührende Beispiele für soziales Engagement und selbstlose Hingabe *aufgrund* des Glaubens an Gott. Nachhaltig angesprochen hat mich der Roman ›Les Misérables‹ (1862) von Victor Hugo. Es ist eines der populärsten Werke der französischen Literatur, das, wie der anhaltende Erfolg des Musicals und der Verfilmungen unterstreicht, noch heute die Herzen berührt.

Victor Hugo war inspiriert von der Botschaft Jesu und ebenso von sozialistischen Theorien. Im Mittelpunkt von ›Les Misérables‹ steht – als Rahmen für eindringliche Sterbeszenen – das Elend des Proletariats, der Skandal der armutsbedingten Kriminalität und Prostitution. In beißender Sozialkritik erhoffte sich Hugo eine Ausrottung des menschlichen Elends von der *Veränderung der gesellschaftlichen Strukturen.*

Das »Gesetz Jesu Christi beherrscht unsere Zivilisation, aber es durchdringt sie nicht« (226).[91] Solche Anklagen finden sich gehäuft im Roman, nicht ohne Brisanz für die Gegenwart. Die Veränderung der Gesellschaft ist freilich nicht möglich ohne die *Wandlung des einzelnen Menschen.* Folgerichtig konzipierte der Autor sein Werk als die Lebensbeschreibung von ›Märtyrern‹ und ›Heiligen‹ der Gesellschaft. Sie kämpfen für das Leben, für Recht und Gerechtigkeit. Und es gelingt ihnen, »sich am Elend ihrer Existenz und Umgebung mit reinem Herzen zu bewähren«[92].

Vor dem Hintergrund der Pariser Arbeiteraufstände erzählt Hugo die Geschichte des Sträflings Jean Valjean, der zum Anwalt und Retter der Armen wird. Nach der Entlassung Valjeans aus dem Zuchthaus verhilft ein katholischer Bischof dem Straftäter zu einer neuen Existenz. Die unkonventionelle Frömmigkeit des Bischofs gibt Valjean den Glauben an das Gute zurück. Sein Leben widmet er fortan dem Dienst an den Ausgestoßenen der Gesellschaft. Inkognito steigt er auf zum einflussreichen Bürgermeister der Stadt Montreuil, wo er den allgemeinen Wohlstand der Einwohner begründet.

Kontrapunktisch zum Aufstieg Valjeans schildert Hugo den Fall der Arbeiterin Fantine. Ihr fehlen die Mittel, um ihr Töchterchen Cosette zu ernähren. In der Not vertraut sie das Kind den habgierigen Thénardiers an. Um die Forderungen der Pflegeeltern zu erfüllen, wird sie zur Prostituierten. Dieses ihr aufgezwungene Leben geht über ihre Kraft. Sie weint, sie schreit zum Himmel – und begegnet dem Bürgermeister Valjean. Von dem früheren Straftäter vor dem Gefängnis bewahrt, stirbt sie wenig später an Schwindsucht.

Valjean hat Fantine ihre materielle Lebensgrundlage, ja ihre Würde als Gotteskind zurückgegeben. Ihren Tod jedoch kann er nicht verhindern. Aber er schenkt ihr die menschliche Nähe am Sterbebett und befreit die kleine Cosette aus den Händen der Thénardiers. Wie ein Vater sorgt er für das heranwachsende Kind.

Die jugendliche Cosette verliebt sich in Marius, einen Revolutionär. Nach dem Ausbruch der Arbeiteraufstände rettet Valjean den verwundeten Marius aus den umkämpften Barrikaden. Bald darauf erkrankt er schwer. Den Tod vor Augen, hinterlässt er dem jungen Paar ein geistiges Testament, ein Vermächtnis der Liebe: »Cosette, jetzt ist der Augenblick, wo ich dir den Namen deiner Mutter sagen kann. Sie hieß Fantine. (...) Sie hat viel gelitten. Und hat dich sehr geliebt« (1625).

Sterbend sieht Valjean ein großes Licht. »Er schaute zum Himmel empor, ließ es zu, daß Cosette und Marius seine Hände mit Küssen bedeckten. Er war tot« (1626). Die ›Elenden‹ in Hugos Roman werden zuletzt die wahrhaft Gesegneten. Sie finden in den Armen des barmherzigen Vaters – Valjeans bzw. des Vaters im Himmel – ihre wahre Identität und ihr bleibendes Glück.

Wir können sagen: Victor Hugos soziales Programm, das der Forderung nach innerer Erneuerung des Menschen an die Seite gestellt wird, trägt die Züge einer religiösen Botschaft. Die Prostituierte Fantine ist, ihrer Gesinnung und ihrer Handlungsweise nach, zweifellos eine Heilige. Und Valjean nimmt in den Augen des geretteten Marius sogar die Gestalt Jesu Christi an.

In den Inszenierungen des Musicals (1985) sieht der todgeweihte Valjean, neben Cosette und Marius, auch die verstorbene Fantine: wie eine Engelsgestalt, die den ehemaligen Häftling an der Pforte des Himmels empfängt. Der Zweifel an Gott, das Leid und der Tod sind für den sterbenden Visionär für immer besiegt. Und Valjean und Fantine werden – wie es das Musical effektvoll erhellt – in der Ewigkeit vereint.

Jeder, der geht,
belehrt uns ein wenig
über uns selber.
Kostbarster Unterricht
an den Sterbebetten
Hilde Domin

Kapitel IV
Leuchtspuren der Ewigkeit

Wir wissen nicht, *warum* das Leid oft so grausam ist. Aber das Übel in der Welt ist kein zwingendes Argument gegen eine Liebe, die den Tod überdauert. So postuliert auch die Schriftstellerin Gabriele Wohmann gerade *wegen* der diesseitigen Leiden einen *jenseitigen Ausgleich.* In einem Interview bekräftigte sie:

> (...) für mein persönliches Leben [setze ich darauf], dass es in einem jenseitigen Leben (...) dann überhaupt erst wirklich anfängt. So wie Karl Barth sagt: Nach dem Tod erst geht der Vorhang richtig auf. (...) Hinterher werden sie [die im irdischen Leben zu kurz Gekommenen] belohnt werden, das hoffe ich, das habe ich schon als Kind gehofft.[93]

Natürlich bleibt die Frage: Ist der Glaube an ein besseres Leben nach dem Tod vernünftig? Gibt es für diesen Glauben, von der irdischen Erfahrung her, einen Anhaltspunkt? Sehr verbreitet ist die Ansicht: Noch keiner sei zurückgekommen. Folglich sei der Jenseitsgedanke reine Glaubenssache.

Die endgültige Rettung des menschlichen Lebens ist in der Tat kein Gegenstand des Wissens, sondern ein Thema des Glaubens, der Hoffnung und der Liebe. Es stimmt aber nicht, dass »noch keiner zurückgekehrt« sei aus dem Grenzland zwischen Leben und Tod. Wir kennen zahllose Berichte von Menschen, die klinisch schon ›gestorben‹ waren und wieder lebendig wurden. Was sie im ›Jenseits‹ – oder besser: an der *Schwelle* zum Jenseits – erlebten, wird seit Jahrzehnten systematisch erforscht. Vereinzelt liegen uns derartige ›Nahtod‹-Schilderungen schon aus der Antike und dem Mittelalter, vermehrt dann aus dem 19. Jahrhundert und geradezu gehäuft aus der Gegenwart vor.

Mir selbst sind Patienten begegnet, die über ihre Nahtoderfahrungen sehr bereitwillig und sehr bewegend Auskünfte geben. Mit solchen Erlebnissen ist die Realität des jenseitigen Lebens zwar *nicht erwiesen.* Sie könnten aber ein wichtiger *Hinweis* sein, ein Fingerzeig der göttlichen Welt. Dass, im Blick auf die Ewigkeit, die Beschäftigung mit Nahtoderfahrungen relevant sein kann, will ich im Folgenden zeigen.

1. ›Der Tod des Iwan Iljitsch‹

Was erlebe ich, wenn ich sterbe? Betrachten wir zunächst ein Beispiel aus der Literatur. In der Novelle ›Der Tod des Iwan Iljitsch‹ (1886) schildert der russische Dichter Leo N. Tolstoi eine Sterbegeschichte, die, im Kern, von allgemeiner Bedeutung ist.

Tolstois Erzählung ist das Porträt einer gescheiterten Existenz. Der Titelheld, ein hoher Justizbeamter, lebt in Reichtum und Überfluss. Im Alter von 42 Jahren aber wird er krank, mit 45 Jahren stirbt er in qualvoller Weise.

In unmittelbarer Todesnähe beginnt er über sein Leben nachzudenken. Er muss erkennen, dass er nicht wirklich gelebt hat. Es wird ihm klar, dass er zeitlebens ein Egoist und ein Heuchler war. Zuletzt sieht er ein, wie wichtig die *Liebe* ist, vor allem die Liebe zu seiner Frau und zu seinem Sohn, die er beide vernachlässigt hat.

Im Finale werden die letzten Tage des Iwan Iljitsch beschrieben. Mit einem grauenhaften, »drei Tage lang ohne Unterbrechung währenden Schrei« (89)[94] erreicht dieses Sterben den Höhepunkt:

Während dieser drei Tage (…) widerstrebte er jenem schwarzen Sack, in den ihn eine unsichtbare unüberwindliche Macht pressen wollte. Er kämpfte und rang, (…) wohl wissend, daß es keine Rettung gibt (90).

Jetzt, kurz vor Eintritt des Todes, sieht sich der Sterbende konfrontiert mit der Wirklichkeit seines Lebens. Es geht ihm ›ein Licht auf‹. Er erkennt, dass sein Leben »nicht das Wahre« gewesen ist. »Doch was ist das ›Wahre‹?« (91), fragt er sich. Diese Frage aber führt in den Abgrund – und zugleich zur Erleuchtung.

Angesichts des Todes kreist Iwans Denken nicht mehr um das eigene Ego. Er nimmt – jetzt endlich – seine Umgebung wahr, er sieht seinen Sohn, seine Frau. Er sieht, wie sie leiden, und leidet mit. Ihren Schmerz will er mildern durch ein schnelleres Sterben. In diesem Moment aber, da Iwan sich *loslässt* und zum ersten Mal die *Liebe* wagt, verliert der Tod seine Schrecken, ja seine Realität:

Und plötzlich wurde ihm klar, daß alles, was ihn gequält hatte und nicht herauswollte, daß all das plötzlich und mit einem Male herausquoll (…). ›Und wo ist der Schmerz?‹ fragte er sich. ›Wo ist er hin? Sag mal, wo bist du hin, Schmerz? (…) Und der Tod? Wo ist er?‹
Und er suchte nach seiner früheren, so gewohnten Todesangst und konnte sie nicht finden. (…) Es war keine Angst da, weil auch kein Tod mehr da war.
An Stelle des Todes war ein Licht da.
»So ist das also!« sagte er plötzlich laut. »Welch eine Freude!« (92)

Das Dunkel wird hell, die Todesnot verwandelt sich in eine nie gekannte Freude! Beim Lesen dieser Sterbeszene musste ich an das Paulus-Wort denken: »Tod, wo ist dein Sieg?« (1 Kor 15,55). Tolstoi hat diese Bibelstelle natürlich gekannt. Zunehmend beschäftigte er sich mit den Fragen nach dem Tod und nach der Auferstehung. Allerdings verstand er die Bibel nicht im Sinne der kirchlichen Orthodoxie, sondern eher im Sinne einer überkonfessionellen, undogmatischen Ethik.

Teilweise erinnert mich die Sterbeszene in Tolstois Novelle an das Finale in Hesses ›Knulp‹ und die ›Spiegelgeschichte‹ von Aichinger.[95] Das Gemeinsame ist die positive Sicht des Todes als Aufgang des Lichts. Und ähnlich wie bei Hesse oder Aichinger endet Tolstois Erzählung mit der Parallelisierung von biologischem Tod und innerem Frieden:

> Für ihn [Iwan Iljitsch] geschah das alles in einem Augenblick (…). Für die Anwesenden freilich dauerte der Todeskampf noch zwei Stunden. In seiner Brust brodelte es; sein erschöpfter Körper zuckte zuweilen. (…)
> »Es ist zu Ende!« sagte jemand über ihm.
> Er hörte diese Worte und wiederholte sie in seinem Geiste. ›Zu Ende ist der Tod‹, sagte er sich. ›Er ist nicht mehr.‹ (92)

Der Tod also ist nicht mehr. Was aber kommt *danach?* Was geschieht mit Iwan Iljitsch, wenn ›alles vorbei‹ ist? Wird er *Gott* begegnen, einem transzendenten liebenden *Du?* Wird er ein neues Leben finden – in Gemeinschaft mit den Menschen, die er liebt?

Auf derartige Fragen gibt Tolstois Novelle – wie auch Hesses Erzählung und Aichingers Kurzgeschichte – keine Auskunft. Denn Iwan kehrt nicht mehr zurück ins irdische Leben. Was von seinem Erdendasein *bleibt*, was er *jenseits* der Todesgrenze erlebt und ob er jenseits dieser Grenze überhaupt etwas erlebt, das kann er uns Diesseitigen nicht bekunden.

Nun wissen wir aber von Menschen, die, im Unterschied zu Iwan Iljitsch, klinisch schon tot waren und von ihren Grenzerfahrungen berichteten. Wenden wir uns dieser – außerordentlichen – Art von Nahtoderlebnissen also zu.

2. Berichte aus dem ›Jenseits‹

Aufgrund eines europäischen Forschungsprojekts (1999) hat der Soziologe Hubert Knoblauch die Erfahrungsberichte von Menschen in größter Todesnähe analysiert.[96] Nach Knoblauch berichten vier Prozent der Europäer von außergewöhnlichen Erlebnissen in höchster Lebensgefahr, z. B. nach schweren Operationen oder sonstigen Verletzungen.

Eine der ersten Beschreibungen der Todesnäheerfahrung – von einem Soldaten namens Er – finden wir in Platons Hauptwerk ›Politeia‹.[97] In diesem Falle, wie auch bei manchen Berichten aus dem Mittelalter und der Neuzeit, handelt es sich – nach der Auffassung Knoblauchs – nicht um literarische Erfindungen, sondern um tatsächliche Erlebnisse von Menschen in unmittelbarer Todesnähe.

Wohl erstmals eine massenmediale Verbreitung fand in der Londoner ›Daily News‹ (1858) das Schicksal des Admirals Francis Beaufort, der als junger Mann beinahe ertrunken wäre. Da Beauforts Darstellung als exemplarisch gelten kann, sei sie hier wiedergegeben:[98]

> Alle (…) Anstrengung hatte geendet, ein ruhiges Gefühl der vollkommensten Gelassenheit verdrängte die ungestümen Empfindungen (…), denn das Ertrinken schien nicht länger ein Übel zu sein. (…) Im Gegenteil, meine Empfindungen waren jetzt von einer eher angenehmen Art (…). Die Sinne waren zwar gedämpft, nicht so jedoch der Verstand; seine Aktivität schien in einem Maße belebt zu sein, die jeder Beschreibung spottet, denn der Reihe nach überkam mich Gedanke um Gedanke in einer Geschwindigkeit der Abfolge, die (…) unbegreiflich ist für jedermann, der sich nicht selbst einmal in einer ähnlichen Situation befunden hat.

Ähnliche Wiedergaben von anderen Betroffenen gibt es in Fülle. Typisch ist auch die Fortsetzung des Beaufort-Berichts:

> (...) So rückwärts reisend schien jedes vergangene Ereignis meines Lebens in meiner Erinnerung in rückläufiger Reihenfolge vorüberzuziehen; nicht jedoch bloß schemenhaft, (...) sondern mit vielen minuziösen und bis in alle Einzelheiten gehenden Bildern gefüllt; kurz gesagt, schien die vollständige Periode meiner Existenz vor mir in eine Art panoramische Rückschau gelegt zu werden.

Beaufort schildert eine Filmraffer-ähnliche Rückschau der Sterbenden, wie sie in der Literatur oft erwähnt wird. Analog zu anderen Nahtoderlebnissen – soweit sie publiziert wurden – ist das ›Lebenspanorama‹ in Beauforts Bericht mit der *Unterscheidung von Gut und Böse* verknüpft: Denn jede einzelne Handlung im Lebensfilm des ertrinkenden Seemanns schien »von einem Bewußtsein von recht oder falsch (...) begleitet zu sein«.

Wie mir von ›klinisch tot‹ gewesenen Patienten bestätigt wurde, kann der Sterbevorgang als geradezu beglückend erlebt werden. Knoblauch referiert über die Nahtoderfahrungen von Ertrunkenen oder von abgestürzten Bergsteigern. Oft wurde der eintretende Tod als besonders schön empfunden und die eigene Vergangenheit wurde in einer *Verklärung* geschaut.

Allerdings verlaufen nicht alle Berichte nach demselben Muster. Elemente, die sich häufig wiederholen, gibt es aber sehr wohl. Zu diesen Elementen gehört die Aussage der Betroffenen, ihr Leben habe nach der Rückkehr ins irdische Dasein eine radikale Wende – meist zu *mehr Liebe*, mehr Gottvertrauen, weniger Angst vor dem Tode – genommen.

3. Nahtoderlebnisse

Die moderne Erforschung von Nahtoderlebnissen wurde in den 1970er Jahren durch die Schweizer Ärztin Elisabeth Kübler-Ross und den amerikanischen Psychiater Raymond Moody begründet. In seinem Standardwerk ›Life After Life‹ (1975) beschrieb Moody aufgrund eigener Recherchen eine Vielzahl von Erfahrungen in unmittelbarer Todesnähe, unter anderem das Verlassen des physischen Körpers, die Begegnung mit bekannten Verstorbenen, die Erscheinung eines Lichtwesens, die selbstkritische Rückschau auf das eigene Leben, das Gefühl einer vollkommenen Freude, eine neue und angstfreie Sicht des Todes.[99]

Kübler-Ross kam zum gleichen Resultat. Ihre Forschungsergebnisse werden durch neueste Untersuchungen in wichtigen Punkten bestätigt und noch weiter differenziert, etwa in den Dokumentationen der Psychotherapeutin Monika Renz oder in den Studien des Neurologen Michael Schröter-Kunhardt.[100]

Dank der Möglichkeiten der heutigen Intensivmedizin konnten in den vergangenen Jahrzehnten Millionen von Menschen dem Tode entrissen werden. Holländische Kardiologen haben über einen Zeitraum von zehn Jahren zahlreiche Patienten unmittelbar nach einer Reanimation befragt. Die Ergebnisse wurden 2002 in der medizinischen Fachzeitschrift ›The Lancet‹ publiziert.[101] Das Aufsehenerregende war die Erklärung des Ärzteteams, dass menschliches Bewusstsein unabhängig vom Körper existiere, was ja der gängigen naturwissenschaftlichen Vorstellung widerspricht, dass Bewusstsein ein Produkt des Gehirns sei. Folglich werden die Thesen des niederländischen Forscherteams, verständlicherweise, kontrovers diskutiert.

Die genannten Forschungsergebnisse sind teilweise spektakulär. Ein Patient berichtet:

Bei einer schweren Herzoperation (...) erweiterte sich mein Bewusstsein, und ich befand mich außerhalb des Krankenhauses (...). Ich beobachtete, wie ein Auto auf einen anderen Wagen auffuhr. Dann setzte es plötzlich zurück und verschwand: Fahrerflucht. Ganz deutlich konnte ich das Nummernschild erkennen. Dann merkte ich, wie ich in meinen Körper zurückgezogen wurde. (...) Es stellte sich heraus, dass ich tatsächlich das Nummernschild des flüchtigen Fahrers erkannt hatte!

Bedeutsamer jedoch als solche parapsychologischen Phänomene sind die *Einstellungsveränderungen* nach der Rückkehr des ›Scheintoten‹ ins irdische Dasein. Menschen mit Nahtoderfahrung entwickeln oftmals ein besseres Gespür für das *Wichtige* im Leben:

Die meisten Menschen, die durch die Erfahrung des klinischen Todes gegangen sind, berichten darüber, dass sie mit neuem Vertrauen und einem Gefühl der Sicherheit zurückgekehrt sind. (...) Es ist, als hätten diese Menschen für sich entdeckt, was im Leben wirklich zählt. (...) Die ethischen und sozialen Werte einer betroffenen Person verändern sich maßgeblich.

Von den Nahtoderfahrungen der ins irdische Leben Zurückgekehrten sind die Erlebnisse der tatsächlich Sterbenden zu unterscheiden. Schon Ende der 1970er Jahre publizierten – parallel zu Moody und Kübler-Ross – die Psychologen Karlis Osis und Erlendur Haraldsson eine groß angelegte Studie über die Visionen von Menschen auf dem Sterbebett.[102] Inhaltliche Vergleiche zwischen den von Osis/Haraldsson untersuchten ›Sterbebettvisionen‹ und den längst bekannten Nahtoderfahrungen belegen erstaunliche Übereinstimmungen.

Die Erlebnisse im Sterbeprozess sind ein bevorzugtes Thema auch der Züricher Lehrbeauftragten Monika Renz, die seit vielen Jahren in der Sterbebegleitung arbeitet. Sie beschreibt die Erlebnisse und die besonderen Wahrnehmungen von Schwerstkranken und kommt zum Ergebnis: Die Todesnähe wird sehr oft zur Erfahrung von *spiritueller Öffnung*. Noch im Sterben finden Menschen zur *Zentrierung auf das Wesentliche*:

Eine neue Sensibilität für Atmosphäre und Musik, für Stimmigkeit und Unstimmigkeit stellt sich ein. Trotzdem ist der Zugang zu Sterbenden nicht einfach. Ihre Weise zu erleben und sich auszudrücken ist bisweilen symbolisch. Dann erscheint uns ihre Sprache wie verschlüsselt und doch so aussagekräftig. Durch all das Rätselhafte hindurch geben uns Sterbende Zeugnis von einem existenziellen Durchgang und einem hintergründigen wunderbaren Sein.[103]

Sterben ist also weit mehr als nur ein körperliches Verlöschen: Letzte Fragen werden gestellt, Ängste werden besiegt, Schritte der Versöhnung mit Gott und dem eigenen Schicksal können gelingen.

4. Die Freude an Gott

Die Begleitung von Menschen auf der letzten Wegstrecke zählt zu meinen wichtigsten Aufgaben in der Seelsorge. Meine innerste Überzeugung: Worauf es ankommt am Ende, ist allein die *Liebe* – die der Sterbende gibt und die ihm geschenkt wird.

Das intensivste, für meine eigene Entwicklung maßgebende Begleiterlebnis war das Sterben von Rosita. Siebzehn Monate lang schwebte sie zwischen Leben und Tod. Bis zuletzt wollte ich es nicht glauben, klammerte mich an die Hoffnung, sie könne durch ärztliches Eingreifen gerettet werden. In dieser Zeit sprach sie viel von den Angstträumen, von einem schwarzen Schlund, der sie herunterzuziehen drohte. Sie fürchtete nicht den Tod, aber sie hatte Angst vor dem Schmerz, den körperlichen Beschwerden, der Übelkeit, den äußeren Umständen des Sterbeprozesses.

Wir standen uns sehr nahe. Rosita war eine lebenslustige Frau, die gerne tanzte und sang. Doch vor allem hatte sie ein Herz für die Ärmsten. Sie tat sehr viel für Behinderte, kümmerte sich um Kranke und Einsame, organisierte Fahrten und gesellige Veranstaltungen. Als Lehrerin gründete sie eine Musikband, mit der sie jahrzehntelang die Menschen begeisterte. Die Gottes- und die Nächstenliebe war ihr immer das Wichtigste. Durch ihr *Sein* hat sie die Freundlichkeit Gottes bezeugt. Auch während der Krankheit behielt sie ihr unbedingtes Vertrauen auf Gott. Das Gebet, die Zwiesprache mit Christus, gab ihr viel Kraft. Zu den Bibelstellen, die sie sich verinnerlicht hatte, gehörten Neh 8,10 (»Die Freude an Gott ist eure Stärke«) und Jes 53,5 (»Durch seine Wunden sind wir geheilt«).

Oft sprachen wir über den Tod und über den Himmel, den sie mit Sehnsucht erwartete. Auf meine Frage, worauf sie sich besonders freue, gab sie – noch am Sterbetag – zur Antwort: »Am meisten freue ich mich auf Gott.«

Von *visuellen* Sterbebetterfahrungen hat sie zwar nichts berichtet, wohl aber von *akustischen* Erlebnissen. Etwa zwölf Stunden, bevor sie starb, hörte sie Musik: unbeschreibliche Töne, die sie nie zuvor vernommen hatte, Klänge, so wunderbar, wie sie noch nie in ihr Ohr gedrungen waren – ganz anders und viel schöner noch als Haydns ›Schöpfung‹ oder Händels ›Messias‹. Die Klangphänomene wiederholten sich in den folgenden Stunden. Dann aber setzten die Tumorschmerzen ein, so heftig, dass die Morphiumdosis erhöht werden musste und Rosita das Bewusstsein verlor (oder in einen anderen, uns unbekannten, vielleicht traumähnlichen Zustand verfiel).

Die Schmerztherapie wirkte bei Rosita in den letzten Wochen und Monaten nur unzureichend. Insofern war ihr Sterben besonders schwer. Am schlimmsten waren – von *mir* her gesehen – die letzten drei Stunden des Todeskampfes. Das war ein lautes, unaufhörliches Seufzen, ein so entsetzliches Ringen, wie ich es nie zuvor und nie danach bei einem Sterbenden erlebt habe. In meiner Ohnmacht stand ich da, setzte mich neben sie, hielt ihre Hand.

Erst wenige Minuten vor Eintritt des Todes wurde das Stöhnen leiser und leiser. Und dann – die Stille.

Ich war sehr traurig, fühlte mich elend, ausgebrannt, leer. Zugleich aber – ein Widerspruch? – hatte ich die befreiende Hoffnung, ein Gefühl der Erleichterung, des inneren Friedens. An das Ende der Passionsgeschichte Jesu musste ich denken: »Es ist vollbracht« (Joh 19,30).

Wie mir die Ärzte und das Pflegepersonal versicherten, hat Rosita in der Endphase des Sterbens nicht mehr gelitten. Was aber ist letztlich geschehen? Was Rosita in diesen Stunden gesehen und gehört hat, kann ich nicht wissen. Ich bin jedoch überzeugt: Sie ist *angekommen* am *Ziel*, sie ist geborgen in Gott. Und die Liebe, die sie verschenkt und die sie empfangen hat, wird niemals vergehen.

5. Wissenschaftliche ›Erklärungen‹

Den Aussagen Sterbender folgend, muss es hinter dem Geheimnis des Todes etwas geben, wovon die Sterbenden zutiefst angezogen sind. Doch wie gesagt: Vom Zeugnis der ›normalen‹ Sterbenden, etwa von Krebspatienten im finalen Stadium, sind – trotz wichtiger Parallelen – die Berichte von Menschen zu unterscheiden, die klinisch schon ›tot‹ waren und in letzter Sekunde gerettet wurden.

Der mit Forschungspreisen ausgezeichnete Universitätsdozent Schröter-Kunhardt stellt zu den Erlebnissen dieser speziellen Personengruppe fest: Die gemeinsamen, transkulturell gleichartigen Elemente der Nahtoderfahrungen (Lebensrückschau, mystisch-religiöse Bilder und Gefühle, positive Auswirkungen auf das künftige Erdendasein) sind unabhängig vom Geschlecht, vom Alter, vom Bildungsgrad und von der religiösen Einstellung der betroffenen Personen. Auch die psychische Grundverfasstheit der ins Leben Zurückgekehrten ist im Blick auf Nahtoderlebnisse ohne signifikante Bedeutung.

Bei etwa 70 Prozent der von Schröter-Kunhardt untersuchten Fälle sind die Nahtoderfahrungen verknüpft mit einer starken Zunahme des Glaubens an eine höhere Macht und an ein Fortleben nach dem Tod. Das Vermögen, gerade auch in Todesnähe eine transzendente Wirklichkeit zu erleben, scheint also zum Wesen des Menschen zu gehören.

Die Nachforschungen Schröter-Kunhardts belegen freilich *auch*: Was im Vorfeld des eigentlichen Todes erlebt wird, kann unter Umständen grausam sein. Denn die Lebensrückschau im Angesicht des Todes kann, je nachdem, sehr ungemütlich werden.

Sind solche Nahtoderfahrungen mit ihren außergewöhnlichen Wahrnehmungen wissenschaftlich zu *erklären?* Mit detaillierten Begründungen erläutert Schröter-Kunhardt: Psychiatrische Erklärungen gibt es für Nahtoderfahrungen nicht – jedenfalls nicht in hinreichendem Maße. Denn solche Erlebnisse sind weder als Psychosen noch als sonstige pathologische Erscheinungen zu verstehen, auch nicht als bloße Halluzinationen.[104] Auch psychoanalytische Erklärungen (etwa die Deutung von Nahtoderfahrungen als Abwehr des Todes) greifen zu kurz und sind, nach Schröter-Kunhardt, überhaupt verfehlt.

Zu den schon eher relevanten *neurobiologischen* Erklärungsansätzen bemerkt er: Einzelne Elemente der Nahtoderfahrungen (z.B. das tranceartige Gefühl, in einer anderen

Welt gewesen zu sein) können künstlich herbeigeführt werden, z. B. durch elektrische Reizung des Gehirns oder durch hochdosierte Halluzinogene. Somit dürfte die Freisetzung körpereigener Halluzinogene bei den Nahtoderlebnissen eine besondere Rolle spielen.

Nun räumt Schröter-Kunhardt zwar ein: Für die affektiven, stimmungsaufhellenden Komponenten der Nahtoderlebnisse könnten körpereigene Hormone, die sog. Endorphine bzw. Enkephaline, mitverantwortlich sein. Das Fehlen der sedierenden Wirkung der Endorphine bei Nahtoderfahrungen und die Tatsache, dass Endorphine keinerlei Bilder induzieren, die Nahtoderlebnisse aber überwiegend aus Bildern bestehen, »relativiert die Bedeutung der Endorphine jedoch deutlich«.

6. Das neue Leben

Viele Mediziner, vor allem Neurologen, ignorieren die Nahtoderfahrungen oder spielen ihre Bedeutung herunter. Gegen diese Art von ›wissenschaftlicher‹ Blickverengung wendet Schröter-Kunhardt ein, dass die neurobiologischen Entsprechungen zu den Nahtoderfahrungen eben nur Korrelate, nicht aber die letzte oder beste Erklärung dieser Erlebnisse sind. Wir sind nicht identisch mit unserem Körper. Vielmehr ist der Mensch durch die Beschaffenheit seines Gehirns auf eine andere Dimension ausgerichtet. Vergleichbar mit den *mystischen* Erfahrungen (wie sie bei Hildegard von Bingen, Katharina von Siena u. a. überliefert sind) *verweisen* die Nahtoderlebnisse, so Schröter-Kunhardt, »auf einen zeit- und raumunabhängigen und somit unsterblichen Anteil der menschlichen Psyche, der oft als unsterbliche Seele bezeichnet wird und nach dem Tod weiterlebt«.

Noch viel weiter ging die Sterbeforscherin Kübler-Ross. Die Ärztin erklärte das Weiterleben nach dem Tod in plakativer Rhetorik zum Gegenstand des menschlichen *Wissens.*[105]

Solche Aussagen werden viele Menschen begeistern. Nüchterne Theologen wie Hans Küng oder Medard Kehl indessen betonen:[106] Nahtoderfahrungen sind *keine Beweise* für ein Leben nach dem Tod. Denn die ›klinisch Toten‹ und wieder Belebten waren ja nicht vollständig, nicht irreversibel tot. Andererseits gibt Medard Kehl jedoch zu: Die glaubhaft bezeugten Erlebnisse in äußerster Todesnähe sind für die christliche *Hoffnung* keineswegs bedeutungslos. Denn sie können als *Zeichen* gedeutet werden, dass Gottes Treue im Leben und Sterben bei uns ist.

> In dem Maße, wie solche Erlebnisse (bei den Betroffenen selbst und auch bei denen, die davon hören) zu (…) einer gelasseneren Hoffnung auf das »Jenseits« des Todes und zu einer selbstloseren Liebe Gott und den Nächsten gegenüber führen, sind sie theologisch als ein von Gott geschenktes Zeichen für seine Treue zu werten, die auch den Tod mit einschließt und uns durch ihn hindurch zu einem ganz neuen, vollendeten Leben führt.[107]

Wir können sagen: Die Todesnähe kann die Geburt einer neuen, besseren Existenzweise sein. Und nach dem Tod wird es, dem christlichen Glauben gemäß, kein Sterben mehr geben, sondern nur noch das Leben – in der göttlichen Fülle.

Der Tod ist keine Tür, die schließt,
er ist eine Tür, die öffnet.
Sie öffnet, und man geht hinein.
Wohin? In Gottes Schoß.
Nikos Kazantzakis

Kapitel V
Die unsterbliche Gottesbeziehung

Nahtoderfahrungen können das Weiterleben nach dem Tode zwar nicht beweisen. Aber sie können es, für Christen wie für Nichtchristen, plausibler machen. Deshalb führen sie oftmals zum intensiveren Leben schon jetzt auf der Erde: zur Einstellungsveränderung in Richtung mehr Liebe, mehr Freundschaft und personale Beziehung. Menschen mit Nahtoderfahrung berichten sehr oft: Die Gottes- und die Nächstenliebe sei für sie das Wichtigste geworden.

Es steht aber noch immer die Frage im Raum: Was wird von mir übrig bleiben, wenn ich endgültig gestorben bin? Die gängigste, in der Denktradition des Abendlandes verankerte Antwort lautet: Was die physische Auflösung des menschlichen Körpers überdauert, ist die unsterbliche Seele. Diese Seele wird, wenn wir die Nahtoderfahrungen ernst nehmen, in der Ewigkeit Gottes umso glücklicher werden, je mehr sie auf Erden *geliebt* hat.

Ist dies aber auch die Antwort des christlichen Glaubens? Zweifellos ist es, nach der Botschaft Jesu, von entscheidender Bedeutung, wie ich auf Erden gelebt habe. Zuletzt werde ich – der Gerichtsrede Jesu (Mt 25,31–46) zufolge –

geprüft nach der Liebe, die ich gegeben oder die ich verweigert habe.

Die Vorstellung einer unsterblichen Seele freilich ist, streng genommen, unbiblisch. Was den Tod in biblischer Sicht überdauert, ist nicht die ›Seele‹ als ›Bestandteil‹ des Menschen, sondern vorrangig die *Liebesbeziehung*, die *Gott* von Anfang an zu mir eingegangen ist.

Der biblischen Theologie entsprechend setzt der Glaube an die ›Unsterblichkeit‹ des menschlichen Individuums den *Gottesgedanken*, d.h. die *Wechselbeziehung von Schöpfer und Geschöpf*, unabdingbar voraus. Freilich könnte man sagen: Wenn sich die unsterbliche Gottesbeziehung des Menschen dadurch manifestiert, dass in den biologischen Zeugungsakt das Geschenk der ›Seele‹ als ›Organ‹ für die Gottesverbindung mit einfließt, dann ist die Rede von der ›unsterblichen Seele‹ ebenso zulässig wie die – in der Bibel bevorzugte – Rede von der ›Auferstehung der Toten‹ als dem Geschenk des unsterblichen Gottes.

1. Das biblische Zeugnis

Die biblischen Schriften bezeugen den Glauben an Gottes Allmacht und Liebe. Sie spiegeln die Sehnsucht und die Erfahrung eines ganzen Volkes wider. Nach dem Verständnis dieses ›Gottesvolks‹ liegt der *Grund* für ein postmortales Weiterleben des Geschöpfs einzig und allein beim Schöpfer, nicht in irgendwelchen Eigenschaften, die der Mensch von sich aus beibringen könnte. Im Gegensatz zu Platon und anderen griechischen Philosophen kannte das Volk Israel keinen unzerstörbaren ›Wesenskern‹ des Menschen, der sich – als unsterbliche Seele – vom vergänglichen Körper trennen und über den Tod hinaus durchhalten würde.

Wenn es aus biblischer Sicht dennoch ein Leben nach dem Tode gibt, so aufgrund der Schöpfermacht Jahwes. Die unwandelbare Treue Gottes nämlich führt – so Wolfgang Beinert – notwendig »zur Erkenntnis eines todesjenseitigen Lebens (...). Wenn Jahwe eine Schöpfung hervorbringt und wenn das einzige Motiv dazu seine grundlose Liebe ist, dann kann sein Werk nie vergehen; Liebe will immer (...) Dauer und Ewigkeit. Sie kann der Mensch aus eigener Kraft nicht erreichen, aber Gott vermag das.«[108]

Den *älteren* Schichten des Alten Testaments freilich ist – interessanterweise – der Gedanke eines individuellen, bewussten und *glücklichen* Fortlebens nach dem Tode weitgehend fremd. Denn im Zentrum dieses Denkens stand das Wohlergehen des ganzen Volkes Israel, nicht aber der einzelnen Person.

Das ›Leben‹ der Abgeschiedenen stellte man sich als stark verminderte, trostlose Schatten-Existenz in einer unterirdischen Welt vor. Dort, in der dunklen ›Scheol‹, brüten die Toten als gefühllose Schatten dahin. Am Geschick ihrer Hinterbliebenen können sie keinen Anteil mehr nehmen. Im Buch ›Hiob‹ z. B. müssen wir lesen: »Sind geehrt seine Kinder, der Gestorbene weiß davon nichts. Sind die Kinder in Schande, es kümmert ihn nicht. Denn nur um sich selbst, um sein eigenes Elend grämt sich sein Geist« (Ijob 14,21 f.).

Zwar gab es, in manchen Psalmen z. B., gewisse *Ansätze* zur Überwindung des Todesloses: eine Art Vorahnung dessen, dass die Erfüllung des Jahwe-Bundes durch den Tod nicht einfach begrenzt werden könne.[109] Allgemeingut des jüdischen Volkes war diese Sicht aber keineswegs. Nur ganz Wenige konnten sich über die pessimistische Schau des Sterbens erheben.

Es dauerte lange, bis sich die Autoren der alttestamentlichen Bücher Gedanken über das Schicksal der einzelnen Verstorbenen machten. Erst Schritt für Schritt, in der Zeit nach dem babylonischen Exil (586–537 v. Chr.), setzte sich – als *Folge* der erfahrenen Nähe zu Gott – die Einsicht durch, dass Jahwe der Herr auch der Toten sei; dass es also nicht nur ein *unpersönliches* Fortleben gebe in den Nachkommen bzw. im Ruhm der späteren Generationen; dass vielmehr der Einzelne – als Leiblich-Ganzer – »auferstehen« werde in der Endzeit.

Der Gedanke einer ›Auferstehung der Toten‹ hatte jahrhundertelang eher den Charakter einer Ahnung, nicht einer Glaubens-*Gewissheit.* Erst in der letzten Entstehungsphase des Alten Testaments, im 3. und 2. Jahrhundert v. Chr., »verdichtet sich diese Ahnung zur Gewissheit, so beim Verfasser des 2. Makkabäerbuches (12,43 ff.) oder beim Autor des Danielbuches (12,2)«[110]. Allerdings blieb es umstritten, ob nur die »Gerechten« oder auch die »Ungerechten« an der Auferstehung teilhaben werden.

Da jedoch nicht alle Israeliten die neueren Schriften der jüdischen Bibel als verbindlich anerkannten, wurde die Auferstehung der Toten kontrovers diskutiert. Zur Zeit Jesu glaubten die Pharisäer an die Auferweckung, während die Sadduzäer ein persönliches Weiterleben nach dem Tode bestritten (vgl. Mk 12,18 ff.).

2. Die neutestamentliche Botschaft

Jesus von Nazareth, der in der Frage der Auferstehung zur Partei der Pharisäer gehörte, setzte die Anschauungen des Spätjudentums voraus, mit dem Unterschied freilich, dass er die Auferstehung der Toten universal verstand (nicht auf die Gerechten oder auf Israel beschränkt) und dass er – bzw. die urchristliche Gemeinde – die Verheißungen des Alten Testaments als *in seiner Verkündigung erfüllt* ansah (vgl. Mk 1,14 f.).

Mit Jesus hat, in dessen Selbstverständnis, die Endzeit begonnen, obwohl die *Voll-endung in Herrlichkeit* noch aussteht – in bedrängender *Nähe* allerdings (vgl. z. B. Mk 1,15). Das Neue Testament ist, von der ersten bis zur letzten Seite, »nichts anderes als eine Reflexion der Erfahrung, die die Jesusgruppe gemacht hat«[111]. Diese Erfahrung besagt: Der Gekreuzigte, der die Auferweckung der Toten verkündet hat, ist selbst auferweckt worden von Gott.

Etwa 25 bis 30 Jahre nach dem Kreuzestod Jesu legte Paulus – in einem Schreiben an die Gemeinde in Korinth – die Bedeutung der Auferstehung Jesu als normativ für den christlichen Glauben dar:

Wenn aber verkündigt wird, dass Christus von den Toten auferweckt worden ist, wie können dann einige von euch sagen: Eine Auferstehung der Toten gibt es nicht? Wenn es keine Auferstehung der Toten gibt, ist auch Christus nicht auferweckt worden. Ist aber Christus nicht auferweckt worden, dann ist unsere Verkündigung leer und euer Glaube sinnlos. (…) Denn wenn Tote nicht auferweckt werden, ist auch Christus nicht auferweckt worden, (…) und auch die in Christus Entschlafenen sind dann verloren. (…) Nun aber *ist* Christus von den Toten auferweckt worden als der Erste der Entschlafenen. Da nämlich durch *einen* Menschen der Tod gekommen ist, kommt durch *einen* Menschen auch die Auferstehung der Toten. Denn wie in Adam alle sterben, so werden in Christus alle lebendig gemacht werden (1 Kor 15,12–22).

Dieser frühe Paulus-Text enthält äußerst konzentriert die eigentliche Botschaft des gesamten Neuen Testaments: Weil *Gott* uns liebt, ist der Tod ein für allemal besiegt. Denn durch Gottes Zuwendung ist dem Tod sein »Stachel« (1 Kor 15,55), seine vernichtende Kraft, genommen.

Dabei ist nicht zu übersehen: Der Glaube an die allgemeine Auferstehung wird bei Paulus – dem pharisäisch denkenden Theologen – zunächst nicht mit der Auferstehung Jesu begründet, sondern umgekehrt: Die Auferstehung Jesu setzt die allgemeine Auferstehung der Toten voraus! Gottes umfassende Liebe ist also der Grund sowohl für die Auferweckung Jesu wie auch für die Auferweckung jedes anderen Menschen. Allerdings kommt der Auferweckung Christi in paulinischer Sicht dann doch der Primat zu: Christus wurde *als Erster* auferweckt. Alle anderen Menschen können nach der Auffassung des Paulus »durch Christus«, aufgrund *seiner* Liebe bis zum Tod am Kreuz, für immer gerettet werden.

3. »Ich weiß, dass mein Erlöser lebt«

Die neutestamentliche Deutung des Todes und der endgültigen Rettung des Menschen durch Gottes Nähe wird in der kirchlichen Liturgie in Worten und Zeichen gefeiert. In der katholischen Totenmesse bringt die erste Präfation die biblische Sicht des Sterbens bzw. der Auferstehung in Gottes Liebe hinein so zum Ausdruck:

> In ihm [Christus] erstrahlt uns die Hoffnung, dass wir zur Seligkeit auferstehn. Bedrückt uns auch das Los des sicheren Todes, so tröstet uns doch die Verheißung der künftigen Unsterblichkeit. Denn deinen Gläubigen, o Herr, wird das Leben gewandelt, nicht aber genommen. Und wenn die Herberge der irdischen Pilgerschaft zerfällt, ist uns im Himmel eine ewige Wohnung bereitet.

Die Bestattungs-Agende der evangelisch-lutherischen Kirche in Deutschland enthält nahezu wörtlich dieselbe Präfation. Auch sonst stimmen im Verständnis von Tod und Auferstehung die Bestattungsbücher der christlichen Konfessionen weitgehend überein.

Die »Verheißung der künftigen Unsterblichkeit« wird in der Begräbnisliturgie christozentrisch verstanden: Weil *Gott* bzw. Christus uns nicht vergisst, *deshalb* ist der biologische Tod nicht das Ende unserer Lebensgeschichte. Dieser Gedanke durchdringt alle Gebetstexte der christlichen Bestattungsriten.

Etwa tausend Beerdigungen habe ich bisher gehalten. Es bewegt mich jedes Mal tief, wenn ich am Grab (in Anlehnung an Jes 43,1) verkünde: »So spricht der Herr, der dich erschaffen hat: Fürchte dich nicht, denn ich erlöse dich. Ich rufe dich bei deinem Namen. Du bist mein.«

Hiermit sage ich, im Namen Jesu, dem Verstorbenen zu: Der Tod hat keine Macht über dich. Du selbst, du ganz persönlich wirst leben vor dem Angesicht der göttlichen Liebe. Während ich die Erde auf den Sarg oder die Urne streue, spreche ich den bekannten Text: »Von der Erde bist du genommen, und zur Erde kehrst du zurück. Der Herr aber wird dich auferwecken zum Leben.« Auch dieses Ritual will bekräftigen: Die Hoffnung auf unvergängliches Leben hat ihren Grund in der *Schöpfertreue Gottes*, die uns gewiss nicht im Grabe lässt.

Diese Glaubensüberzeugung wird zum Jubelgesang in der sakralen Musik. Bei der Feier der Osternacht in unserer Klinikkirche singt die Sopranistin alljährlich das Lied »Ich weiß, dass mein Erlöser lebt«. Auch bei Totenmessen wird diese Arie aus Händels ›Messias‹ sehr gerne gesungen. Der Text geht auf das alttestamentliche Buch Hiob zurück, wo wir – nach den vorausgehenden Klagereden überraschend – die Worte lesen:

> Doch ich weiß: mein Erlöser lebt, als letzter erhebt er sich über dem Staub. Ohne meine Haut, die so zerfetzte, und ohne mein Fleisch werde ich Gott schauen. Ihn selber werde ich dann für mich schauen; meine Augen werden ihn sehen, nicht mehr fremd. Danach sehnt sich mein Herz in meiner Brust (Ijob 19,25 ff.).

Der geschundene Hiob findet Erlösung in der plötzlichen Einsicht: Seine Augen werden *Gott schauen*, der sein Erretter ist! Als Georg Friedrich Händel 1741 in London die Hiob-

Worte las, öffneten sich vor ihm die Pforten des Himmels. Der Komponist, in dessen Gemüt sich Hoffnung und Verzweiflung gestritten hatten, ergriff die Feder und schuf in kürzester Zeit sein großes Oratorium.

Im Kontext des Händel'schen ›Messias‹ ist mit dem »Erlöser« der Gottessohn Jesus Christus gemeint, dessen Auferstehung aus dem Grab auch *unsere* Hoffnung begründet. Diese Zuversicht ist das Glaubensfundament aller christlichen Gemeinschaften.

4. Der Tod als Heimkehr zu Gott

Die konfessionelle Übereinstimmung angesichts der ›Letzten Dinge‹ zeigt sich besonders schön im gemeinsamen Liedgut. Hier wäre das Passionslied ›O Haupt voll Blut und Wunden‹ zu nennen, das der lutherische Theologe Paul Gerhardt 1656 verfasst hat und das noch heute in allen christlichen Kirchen gesungen wird.

Als Vorlage für seine Neuschöpfung diente Gerhardt ein lateinischer Kreuzhymnus aus dem 13. Jahrhundert. Die vorletzte Strophe des Liedes in der Gerhardt-Version parallelisiert das Sterben Jesu mit dem eigenen Sterben:

Wenn ich einmal soll scheiden,
so scheide nicht von mir,
wenn ich den Tod soll leiden,
so tritt du dann herfür;
wenn mir am allerbängsten
wird um das Herze sein,
so reiß mich aus den Ängsten
kraft deiner Angst und Pein.

Johann Sebastian Bach hat diese Verse 1729 als Choral in seine ›Matthäuspassion‹ aufgenommen: Da ›erzählt‹ der Evangelist, wie Jesus stirbt. Danach ist es für einen Augenblick still. In diese ausdrucksstarke Stille hinein singt der Chor das Lied »Wenn ich einmal soll scheiden …«.[112] In einem gewaltigen Kunstwerk wird hiermit bezeugt: Die Verbindung mit Gottes Liebe hört auch im Tode nicht auf. Was niemals vergeht, ist die Liebesbeziehung des Schöpfers zu seinem Geschöpf. Was bleibt, ist die Zuwendung Christi zu allen, die ihm vertrauen.

Freilich wird ›O Haupt voll Blut und Wunden‹ meist nur am Karfreitag gesungen. Ein anderes Lied von Paul Gerhardt aber gehört zum Standard-Programm des evangelischen wie des katholischen Gottesdienstes: ›Nun danket all und bringet Ehr‹. Auch in diesem, wunderbar fröhlichen, Lied erinnern die letzten Strophen an die Gottesbeziehung, die den Tod überdauert:

Solange dieses Leben währt,
sei er stets unser Heil,
und wenn wir scheiden von der Erd,
verbleib er unser Teil.

Er drücke, wenn das Herze bricht,
uns unsre Augen zu
und zeig uns drauf sein Angesicht
dort in der ewgen Ruh.

Gerhardt also deutet den Tod bzw. die Auferstehung als personale Begegnung mit Gott. Weil wir Gottes Kinder sind, haben wir Teil am göttlichen Leben, an der Unsterblichkeit des Schöpfers.

5. Die dialogische Unsterblichkeit

Mit seiner positiven, den Tod nicht fürchtenden, auf die Zuwendung Gottes vertrauenden Lebenseinstellung steht Paul

Gerhardt in der Tradition des biblischen Denkens, des frühkirchlichen Glaubens und der Theologie des Reformators Martin Luther.

Anders als Luther und die biblischen Schriftsteller hatten die vorchristlichen Philosophen Platon und Aristoteles die Geistnatur des Menschen, auch unabhängig von einer Gottesbeziehung, für unsterblich erklärt. Eine ähnliche Anschauung finden wir auch sonst in der Geistesgeschichte, z. B. bei Goethe, wenn er an Eckermann schrieb: »Mich läßt dieser Gedanke [an den Tod] in völliger Ruhe, denn ich habe die feste Überzeugung, daß unser Geist ein Wesen ist ganz unzerstörbarer Natur.«[113]

Luther indessen begründete die Unsterblichkeit des Menschen ausschließlich mit der Zuwendung des Schöpfers zu seinen Geschöpfen: »Mit wem Gott redet, es sei im Zorn oder in der Gnade« – so schrieb er um 1540 in seinem Kommentar zum 1. Buch Mose –, »der ist gewißlich unsterblich. Die Person Gottes, der da redet, und das Wort zeigen an, daß wir solche Kreaturen sind, mit denen Gott bis in Ewigkeit und unsterblicherweise reden wolle.«[114]

Wie es in der biblischen Schöpfungsgeschichte heißt, ist der Mensch *als dialogisches Wesen*, als Mann und Frau, das »Ebenbild Gottes« (Gen 1,27). Das aber bedeutet: Gerade in seiner Verwiesenheit auf Beziehung, auf ein personales Gegenüber, spiegelt der Mensch das göttliche, *in sich selbst dialogische* Sein. Da der Mensch, in biblischer Sicht, auf das göttliche Du hin geschaffen ist, sah Luther die Unsterblichkeit der menschlichen Person in der Unsterblichkeit Gottes begründet: in der bleibenden Zuwendung des trinitarischen Gottes, der sich in Christus offenbart und dessen Geist uns lebendig macht.

In der Sicht Luthers überleben wir den Tod, weil die Liebesgeschichte Gottes mit den Menschen im Tode nicht aufhört. Nach dieser Auffassung leben wir ewig, weil wir in einer unvergänglichen Beziehung zu Gott stehen. In der modernen protestantischen wie katholischen Theologie – in den Schriften Jürgen Moltmanns oder Joseph Ratzingers zum Beispiel[115] – wird dieser biblische Denkansatz neu aufgegriffen und weitergeführt. So lesen wir in der ›Dogmatik‹ des evangelischen Theologen Wilfried Härle:

> Was den Tod des Menschen überdauert und die Identität des gestorbenen mit dem auferweckten Menschen bildet, ist das, und nur das, was er mit seinem irdisch-geschichtlichen Dasein an göttlicher *Liebe* empfangen hat. (…) Dieser Ansatz erlaubt es zu denken, daß (…) die konstitutive, schöpferische *Beziehung Gottes zum Menschen* sich durchhält und im Durchgang durch das Dunkel des Todes der Grund für die eschatologische Hoffnung auf Auferstehung und neues Leben bleibt.[116]

Ist die Rede von der ›unsterblichen Seele‹ also erledigt? Gehört sie ins Museum der Theologie- und Philosophiegeschichte? Ich denke, nein. Denn von christlichen Theologen der Gegenwart wird das Unvergängliche der menschlichen Vita, traditionell die ›unsterbliche Seele‹, geradezu als *Synonym* für die ›Gottoffenheit‹ des Menschen betrachtet. Der Jesuit Medard Kehl schreibt dazu:

> In der gegenwärtigen katholischen wie evangelischen Theologie wird wieder unbefangener als noch vor wenigen Jahren von der Seele und ihrer Unsterblichkeit gesprochen; allerdings *in einer ziemlich veränderten Weise.* Inspiriert vom biblischen Sprachgebrauch, wird unter dem Begriff Seele nicht mehr bloß ein bestimmter hervorgehobener Teil des Menschen bezeichnet (…). Vielmehr verstehen Theologen heute unter der Seele des Menschen den *ganzen Menschen* – allerdings unter einer bestimmten Rücksicht: nämlich dass er von Gott dazu befähigt ist, sein »Dialogpartner« zu sein (Joseph Ratzinger), also mit Gott in eine *hörende, antwortende und liebende Beziehung* treten zu können.[117]

Um diese Ausführungen Kehls noch besser zu verstehen, sollte man wissen: In der evangelischen Theologie des 20. Jahrhunderts wurde der biblische Begriff ›Auferstehung der Toten‹ gegen den platonischen Begriff ›Unsterblichkeit der Seele‹ nicht selten ausgespielt. Im gegenwärtigen Disput aber wird diese Schein-Alternative – Unsterblichkeit *oder* Auferstehung – grundsätzlich überwunden: zu Gunsten der Annahme einer *Auferweckung im Tode selbst.*[118]

Die Begriffe ›Auferstehung‹ und ›Unsterblichkeit‹ meinen, so kann man sagen, im Grunde dasselbe: die *Schöpfertreue Gottes* auch angesichts des Todes. Das wirklich Unzerstörbare in der Person ist demnach das göttliche Ja zu jedem Menschen, das so unbedingt gilt, dass nichts, auch nicht der Tod, es außer Kraft setzen kann. Die so verstandene Unsterblichkeit der ›Seele‹, des ›Ansprech- und Antwortorgans‹ für Gott, ist »jedem Menschen gegeben, ob er davon nun ausdrücklichen Gebrauch macht (…) oder nicht. Denn die Befähigung zur Gemeinschaft mit Gott gehört einfach zum Geschöpfsein des Menschen, ja sie ist damit identisch.«[119]

6. Die pantheistische Unsterblichkeit

Die Beziehung zu Gott macht den Menschen unsterblich. Mit ›Gott‹ meinen biblisch denkende Theologen natürlich einen *persönlichen* Gott, ein dialogisches *Du*, das den Menschen teilhaben lässt an seiner Unsterblichkeit. Gerade dieser Glaube an ein göttliches Du – als Fundament für die Hoffnung auf ein persönliches Weiterleben – blieb aber zu keiner Zeit unangefochten. Seit Menschengedenken gibt es den Atheismus bzw. a-personale Gottesvorstellungen, die den Gedanken eines individuellen Fortlebens nach dem Tode von vorneherein ausschließen.

Der niederländische Philosoph Baruch de Spinoza (1632–1677) z. B. verwarf in seiner ›Ethik‹ zwar nicht den Gottesgedanken als solchen, wohl aber die Existenz eines *persönlichen*

Gottes. Das menschliche Individuum verstand er als vergänglichen Mikro-Bestandteil einer unpersönlichen göttlichen Kraft. Im Zuge der Leugnung eines personalen Gottes vertrat er die radikale Endlichkeit des Individuums. Im Tod löst sich in der pantheistischen Sicht Spinozas »der einzelne Mensch auf und kehrt in den Schoß der undifferenzierten Substanz – und das heißt: der Natur – zurück. Aber da die Substanz als solche ewig ist, kann nichts verlorengehen und ins Nichts fallen.«[120]

Immerhin: Nichts kann einfach ins »Nichts« fallen. Alles Seiende, auch den Menschen, fasste Spinoza als Teil der ewigen Natur auf. Ein merkwürdiger Widerspruch aber bleibt: »Obwohl der Pantheismus eine impersonale Gottheit annimmt und das sterbende Individuum dieser Lehre gemäß ins Naturganze auflöst, bestand Spinoza darauf, daß sich vom menschlichen Geist etwas erhält, ›das ewig ist‹.«[121]

Wörtlich heißt es in Spinozas ›Ethik‹: »Die menschliche Seele kann mit dem Körper nicht völlig zerstört werden, sondern es bleibt von ihr etwas bestehen, das ewig ist.«[122] Die Auslegung dieses Lehrsatzes ist freilich umstritten. *Was* bleibt »bestehen«? Es wird, wie Spinoza wohl meinte, keine individuelle Unsterblichkeit geben, kein Weiterleben eines unverwechselbaren Ich (mit seinen Erinnerungen, seinen persönlichen Begegnungen), sondern nur die Fortexistenz eines überindividuellen ›Geistes‹, der sich nach dem Tod eines Menschen erneut mit der Materie verbindet.

Spinozas Gedankengut wurde seit der frühen Goethezeit zu einer einflussreichen Geistesströmung in Deutschland. Was etwa Goethe betrifft, so ist – wie der Philologe Kittstein erklärt – Fausts ›Glaubensbekenntnis‹ gegenüber Gretchen »in ›Faust I‹ vom Pantheismus geprägt, und noch im Alter bekennt sich Goethe dazu, etwa in einem Gespräch mit Eckermann am 8. Oktober 1827«[123].

Ob Goethe und Spinoza wirklich dasselbe meinten, ist allerdings eine andere Frage. Man wird aber wohl sagen können: Wie auch immer Spinozas Philosophie im Einzelnen interpretiert worden ist, der elementaren Sehnsucht des Menschen nach Identität, nach unvergänglicher, auch den Tod überdauernder Liebe entsprachen die Theorien Spinozas wohl kaum.

7. Auflösung des individuellen Bewusstseins?

Eine mit Spinozas Weltsicht verwandte Geisteshaltung findet sich bei Arthur Schopenhauer. Der Philosoph stellte in seinem Hauptwerk ›Die Welt als Wille und Vorstellung‹ (1819) ein Gedankengebäude auf, das der menschlichen Hoffnung auf individuelle Unsterblichkeit widerspricht. Zur Frage nach einem persönlichen Fortleben nach dem Tode erklärte er in seinem Spätwerk ›Parerga und Paralipomena‹ (1851):

> Zu ewiger Fortdauer ist kein Individuum geeignet: es geht im Tode unter. Wir jedoch verlieren dabei nichts. Denn dem individuellen Dasein liegt ein ganz anderes, dessen Äußerung es ist, unter. Dieses kennt keine Zeit, also auch weder Fortdauer noch Untergang.[124]

Vom »Individuum«, vom Einzeldasein unterscheidet Schopenhauer »unser eigentliches und wahres Wesen«: die Einbindung in die »Unzerstörbarkeit« des Weltprinzips, d. h. des allgemeinen Daseins, »welches beim Tode des Individuums unbeteiligt bleibt«:

> Wenn wir unser eigenes Wesen durch und durch bis ins Innerste ganz erkannt hätten, würden wir es lächerlich finden, die Unvergänglichkeit des Individuums zu verlangen.

Ob bei Schopenhauer oder Spinoza: Für eine *persönliche* Fortexistenz nach dem Tode – und somit für eine zwischenmenschliche Beziehung über den Tod hinaus – ist in solchen Denksystemen kein Raum, da das Individuum im All-Einen versinken muss. Schopenhauers Denken enthält Elemente der platonischen Ideenlehre, des englischen Empirismus und der buddhistischen Weltverneinung. So verkündet er die »Nichtigkeit« des Erdenglücks, die »Hinfälligkeit« und »traumartige Beschaffenheit aller Dinge«.[125] Seine Heilslehre läuft auf die Abtötung des ›Ich‹ und die Rückkehr »zur alten Bewußtlosigkeit«[126] hinaus, der alles Leben entstamme.

Die Welt ist nach Schopenhauer bloße »Erscheinung« des Subjekts, also »eine Illusion«.[127] Die Erlösung von der Illusion, von der Welt und allen ihren Eitelkeiten soll nun die *Ethik* bringen, die die *Überwindung jeder Individualisierung* empfiehlt: in einer mystizistischen Grundstimmung, die in jedem Menschen den Gefährten, in jedem Lebewesen den Freund und hinter allen Dingen das All-Eine sieht.

Schopenhauers Werk war eine nachhaltige Wirkung beschieden. Nach seinem Tode, als Zeitströmungen auf seinen Atheismus ansprachen, wurde Schopenhauer einer der meistgelesenen philosophischen Schriftsteller. Er beeinflusste u. a. Richard Wagner, Friedrich Nietzsche und Sigmund Freud.

8. »So nimm denn meine Hände«

Was mich an Schopenhauers Theorien stört, ist die Entwertung des Individuellen, des einmalig Personalen, die Verneinung des Einzelwillens. Was ich in ihnen vermisse, ist das unbedingte Ja zur *Liebe* als personaler *Begegnung*. Die Grundverfasstheit des Menschen als Individuum ist die Voraussetzung für echte Kommunikation. In Schopenhauers Denken jedoch, in seiner Abwertung des Bewusstseins und der menschlichen Individualität, kommt m. E. die konkrete *Be-*

ziehung eines bestimmten Ich zu einem bestimmten Du zu kurz. Die Verwiesenheit des menschlichen Individuums auf das unverwechselbare Du einer anderen Person wird bei Schopenhauer allzu gering geschätzt. Und die Sehnsucht nach dem unendlichen, Unsterblichkeit stiftenden, *göttlichen* Du wird vollends missachtet.

Das von Schopenhauer diskriminierte Verlangen nach letzter Geborgenheit in einem göttlichen Gegenüber ist – zumindest latent – wohl jedem Menschen ins Herz gelegt. Akut aber wird diese Sehnsucht meist in Krisensituationen, z. B. bei Schicksalsschlägen, bei schwerer Krankheit, bei plötzlichen Todesfällen. Spätestens der Tod konfrontiert mich mit Gott, mit der Frage nach einem letzten Sinn meines Daseins. Ein bewegendes Beispiel für das absolute Vertrauen auf Gottes Liebe, auch und gerade im Angesicht des Todes (hier nicht des eigenen Todes, sondern des Verlustes eines geliebten Menschen), ist für mich das Lied »So nimm denn meine Hände«.

Mit Vorliebe wird dieses Lied bei Trauergottesdiensten, oft auch bei Hochzeitsfeiern gesungen. Ich fand den Text und die Melodie schon immer sehr schön. Doch wirklich erschlossen hat sich mir das Lied durch den Vortrag eines evangelischen Seelsorgers über die Entstehungsgeschichte des Textes.

Verfasst wurde der Text von Julie von Hausmann, einer baltischen Schriftstellerin, deren Gedichte anonym als ›Maiblumen‹ (1862) erschienen sind. Entgegen ihrem Wunsch wurde ihr Name bekannt, vor allem durch das Lied »So nimm denn meine Hände«. Gesungen auf eine Melodie Friedrich Silchers ging Hausmanns Lied um die Welt. Die erste Strophe lautet:

So nimm denn meine Hände
und führe mich
bis an mein selig Ende
und ewiglich.

Ich mag allein nicht gehen,
nicht einen Schritt:
wo du wirst gehn und stehen,
da nimm mich mit.

Man versteht, dass dieses Lied bei Hochzeiten beliebt ist: Die Paare versprechen sich eine Liebe bis zum Tod, ja sogar – »ewiglich« – über das Sterben hinaus! In welcher Lebenssituation aber hat Hausmann ihre Verse geschrieben?

In jungen Jahren verliebte sie sich in einen Pfarrer, der als Missionar nach Afrika gehen wollte. Der Abreisetermin stand schon fest, als die beiden sich kennenlernten und ihre Verlobung feierten. Bald folgte Julie dem Bräutigam nach Afrika. Als das Schiff im Zielhafen einlief, stand jedoch der geliebte Mann nicht am Kai. Julie erfuhr: Ihr Verlobter war, kurz vor ihrer Ankunft, an einer Seuche gestorben. Noch am selben Abend schrieb sie die obigen Verse sowie zwei weitere Strophen. Das Lied endet mit den Versen:

Wenn ich auch gleich nichts fühle
von deiner Macht,
du führst mich doch zum Ziele
auch durch die Nacht:
so nimm denn meine Hände
und führe mich
bis an mein selig Ende
und ewiglich.

Hochzeit und Tod also sind in diesem Lied miteinander verknüpft. Julies Antwort auf den Verlust des Bräutigams war die Übergabe ihres Lebens in die Hand Gottes. Dieser Gott, darauf vertraute sie, wird alles zum Guten führen. Sie blieb von der Nacht der Traurigkeit zwar nicht verschont. Aber mitten im Dunkel suchte sie Kraft im Gebet, in der Geborgenheit Gottes.

9. »Nimm auf in Deine Liebesfülle«

Im Gegensatz zu biblischen Symbolgestalten – wie Hiob oder Jeremia – kommt es bei Julie von Hausmann, der pietistisch geprägten Christin, nicht zur *An*-Klage gegen Gott. Die *Klage* freilich ist unüberhörbar.

Das Vertrauen auf Gott, zugleich aber die Anfechtung, die Bitterkeit angesichts des Elends und des Todes, ist seit je ein Grundthema der religiösen Existenz. Auch in der Poesie des 20. Jahrhunderts ist diese Thematik – im Spannungsfeld zwischen Glaube und Zweifel – präsent, beispielsweise im ›Gebet zum Tag der Toten‹ von Ricarda Huch. Die neuromantische Dichterin schrieb historische Novellen, aber auch religionsphilosophische Bücher wie ›Luthers Glaube‹ (1916). Als Lyrikerin verfasste sie Gedichte mit oft schwermütigem Unterton. Viele ihrer Gedichte kreisen um das Thema Tod und Vergänglichkeit.

In der ersten Strophe des ›Gebetes zum Tag der Toten‹ erinnern die Beter den Gott Abrahams, Isaaks und Jakobs an seine frühere Heilstat: da er Abraham daran hinderte, den Sohn Isaak zu töten (Gen 22,1–14). Zugleich aber wird die ›Gottesnacht‹, die gnadenlose Abwesenheit des Herrn in der Gegenwart, angeprangert. Die zweite und die dritte Strophe betrauern, in zorniger Rede, Gottes Schweigen »zu der Bösen Taten«; sie beklagen die »sichern Sitze« der »Frevelnden« und das vergossene Blut der »Frommen«, der »Guten«. Doch die vierte Strophe bringt, wenn auch freudlos resigniert, die Ergebenheit in Gottes Willen zum Ausdruck. In der fünften und letzten Strophe aber wechselt der Ton. Jetzt kommen die Worte aus anderen Sphären, klingen hell und glaubensfroh. Die Hoffnung überstrahlt die Dunkelheit, und auf die Macht der göttlichen *Liebe* setzen die Beter ihr volles Vertrauen:

Nimm denn auf in Deine Liebesfülle,
Vater, unsere Toten und umhülle
Ihren wunden Leib mit Licht.
Sonnenhell wird dann ihr Aug' entbrennen
Und der Erde dunkles Wort erkennen
Angesicht zu Angesicht.[128]

Das zunächst so düstere Gedicht mündet ein in eine große Vision. Spätestens am Ende der langen Reise werden wir, von »Angesicht zu Angesicht«, erkennen: Wir sind geliebt, wir werden erwartet. Alle Tränen werden getrocknet, alle Wunden werden geheilt, das Herz kommt zur Ruhe, unsere Sehnsucht, unser tiefstes Verlangen wird gestillt. Denn wir sind in der Heimat, geborgen in Gottes Hand.

10. ›Requiem für ein Kind‹

Zuletzt ist die Liebe doch stärker als der Tod. Diese Botschaft im ›Gebet zum Tag der Toten‹ von Ricarda Huch wird transparent auch bei anderen Autoren des 20. Jahrhunderts, besonders schön in den Sonetten des Dichters Stefan Andres. Andres war in den Jahren nach dem Zweiten Weltkrieg einer der meistgelesenen deutschen Autoren. Seine Erzählungen verbinden antike Sinnlichkeit mit christlicher Mystik. Bekannt wurde er vor allem durch die Romantrilogie ›Die Sintflut‹.

In Köln lernte er die Medizinstudentin Dorothee Freudiger kennen, die er 1932 heiratete. Ein Jahr später wurde die älteste Tochter Mechthild geboren. Um seine halbjüdische Frau vor der Naziverfolgung zu retten, zog Andres mit seiner Familie nach Positano, einem kleinen Fischerort südlich von Neapel. Dort starb die kleine Mechthild, das über alles geliebte Kind, an Typhus. Nach den Aufzeichnungen Dorothees ließ ihr Mann auf die Grabplatte des neunjährigen Töchterchens ein Kreuz aus neun Rosen einritzen, dazu die lateinische Inschrift: »Introibo ad altare Dei, ad Deum, qui laetificat iuventutem meam.« Diesen Spruch (»Ich werde hintreten zum Altare Gottes, zu Gott, der meine Jugend erfreut«) hatte der frühere Messdiener unzählige Male gebetet. Jetzt aber erhielten die Worte »einen neuen, einen ergreifend tieferen Sinn, als der Dichter sie seiner toten Tochter in den Mund legte, als Losungswort auf ihrem Weg in die Ewigkeit«.[129]

Wie Paul Gerhardt, wie Julie von Hausmann, wie Ricarda Huch verstand Andres den Tod als Heimkehr zu Gott. Zwei Tage nach dem Tode des Kindes schrieb er an seinen geistlichen Freund Pierre Elcheroth:

Unsere liebe kleine Mechthild ist in Gott eingegangen – wir stehen noch immer fassungslos da, aber es ist so. Wärest du doch hier! Ich versuche, meine Frau zu trösten, so gut es geht. (…) Ich bin ganz leer und arm, am meisten tut mir Dorothee leid. (…) Aber ich will auch jetzt Gott loben und lieben, das ist der einzige Trost.[130]

Der Dichter suchte Tröstung nicht nur im *Glauben* an Gott, sondern – in dieser Situation schier unfassbar – in der *Liebe* zu Gott! Was ihm Mut zum Leben gab, war zudem die Niederschrift der 22 Sonette des Zyklus ›Requiem für ein Kind‹. Sie entstanden zum Großteil in der Zeit unmittelbar nach Mechthilds Tod und sprechen die Verstorbene oft direkt an. Typisch für alle diese Texte ist die Polarität von Trauer und Trost, von Schmerz und Jenseits-Perspektive.

Eines der Sonette – mit dem Titel ›Wo bist du, Kind?‹ – endet mit den Versen:

Ist Gott – bist du! Wie könnt' er, der gedacht
dich lieblichen Gedanken, dein vergessen!
Es fällt kein Stern aus Gottes großer Nacht.

Drum bann ich jede Frage als vermessen
ins Dunkle blickend, bis ich Ordnung sehe
und, selber Nacht, ganz voller Sterne stehe.[131]

Der Literaturwissenschaftler Joseph Groben bemerkt zu diesem Gedicht: »Knapper als im Halbvers ›Ist Gott – bist du!‹ kann man die christliche Zuversicht des Weiterlebens nicht ausdrücken. Gottes Existenz impliziert die Unsterblichkeit seiner Geschöpfe. In den Augen des Dichters ist es unvorstellbar, dass Gott sein Geschöpf zu nichts verfallen lässt.«[132]

Damit soll gewiss nicht gesagt sein, dass das Ehepaar Andres von Zweifeln verschont wurde. Die meisten Sonett-Verse kreisen ja um den Zustand der Leere und der Dunkelheit! Zeitlebens haben Stefan und Dorothee den Tod ihres Kindes betrauert. Gleichwohl enthalten fast alle Texte des Dichters viel Tröstliches. Noch während der Krankheitstage des Mädchens, als das Schlimmste schon zu befürchten war, schrieb Andres in einem Brief:

Das erwarte ich: dass sich alles, aber alles, in Gott wiederfindet und nichts verloren geht! Et vitam venturi saeculi! [Ich erwarte das Leben in der kommenden Welt!] In diesem Satz (…) kann allein die Hoffnungslosigkeit inmitten einer christlichen Welt eine Aufhellung erfahren.[133]

Für Andres also ist Mechthilds Leben im Gedächtnis des lebendigen Gottes bewahrt. So konnte er spüren: Die Tochter ist nicht tot, sie *lebt* in einer anderen Dimension der Wirklichkeit. Über diese Erfahrung schrieb er 1943 in einem Brief an den Religionswissenschaftler Karl Kerényi:

(…) nun ist sie [Mechthild] immer bei mir. Ich bin eigentlich nie mehr allein. Besonders wenn ich unter dem Sternenhimmel einsam dahingehe und übers Meer ausblicke, wie nach einem andern Ufer: immer ist es mir, als ginge sie neben mir und stecke mir ihr stilles, blondes Köpfchen mit den ernsten blauen Augen unter den Arm.[134]

11. »Bist du der Gott, der Zukunft mir verheißt?«

Es ist aber nicht zu übersehen: Andres' Sonette enthalten neben hellen auch sehr dunkle Töne. Die *Frage*, die *bange* Frage nach Gottes Nähe und Liebe schwingt immer mit. Provozierend wird diese Frage in einem Kirchenlied des niederländischen Theologen und Dichters Huub Oosterhuis zum Thema erhoben. Das 1969 entstandene Lied wird im Gottesdienst oft gesungen. Der Text greift zugleich mit der Hoffnung auch die *Klage*, den *Protest* und den *Zweifel* an Gottes Liebe auf, wie wir ihn vom biblischen Hiob her kennen.

Oosterhuis' Lied ist im ›Evangelischen Gesangbuch‹ und im katholischen ›Gotteslob‹ enthalten. Es lautet in der deutschen Übertragung durch den Schriftsteller Lothar Zenetti:

> Ich steh vor dir mit leeren Händen, Herr; / fremd wie dein Name sind mir deine Wege. / Seit Menschen leben, rufen sie nach Gott; / mein Los ist Tod, hast du nicht andern Segen? / Bist du der Gott, der Zukunft mir verheißt? / Ich möchte glauben, komm mir doch entgegen.
>
> Von Zweifeln ist mein Leben übermannt, / mein Unvermögen hält mich ganz gefangen. / Hast du mit Namen mich in deine Hand, / in dein Erbarmen fest mich eingeschrieben? / Nimmst du mich auf in dein gelobtes Land? / Werd ich dich noch mit neuen Augen sehen?
>
> Sprich du das Wort, das tröstet und befreit / und das mich führt in deinen großen Frieden. / Schließ auf das Land, das keine Grenzen kennt, / und laß mich unter deinen Söhnen leben. / Sei du mein täglich Brot, so wahr du lebst. / Du bist mein Atem, wenn ich zu dir bete.[135]

Ein Liedtext, der aufhorchen lässt! Denn für Zweifel, für kritische Fragen oder gar für Anklagen gegen Gott ist in der traditionellen christlichen Liturgie ansonsten kaum Platz.

Im seelsorglichen Umgang mit dem Glaubenszweifel fordert der Theologe Härle von den Kirchen:

- daß Leiden und Angst *wahrgenommen und zugelassen*, also weder bagatellisiert noch wegerklärt werden;
- der Raum für die unzensierte *Klage vor* Gott und *Anklage gegen* Gott eröffnet und nicht verstellt wird;
- die eigene *Antwort- und Hilflosigkeit* (von Seelsorgern) ausgehalten und ertragen wird;
- mit alledem der *Horizont offengehalten* wird, in dem sich für die Betroffenen selbst eine Antwort oder eine Perspektive der Hoffnung einstellen kann.[136]

In Oosterhuis' Kirchenlied sind diese Kriterien erfüllt. Anknüpfend an biblische Texte beschreibt der Dichter die Situation eines gläubig suchenden Menschen. Was bleibt, wenn alles vergangen ist? »Mit leeren Händen«, den sicheren Tod vor Augen, stellt sich der Beter die Frage: »Hast du«, du unbegreiflicher Gott, »nicht andern Segen?«

Gewiss, der Tod kann ein »Segen« sein: Hinterher wird mir nichts mehr weh tun, es gibt keine Beschwerden mehr. Aber ist das schon alles? Hat Gott nicht *mehr* versprochen? Darum die Frage nach dem »andern Segen« ...

In banger Hoffnung fragt der Beter: Bist du der Gott, der neues Leben schenkt, der eine beglückende Zukunft verheißt? Hast du mich »mit meinem Namen« – mit meiner besonderen Lebensgeschichte – »eingeschrieben« in deine bergende Hand?

Die Perspektive in Oosterhuis' Lied: das »gelobte Land«, wo wir Gott »mit neuen Augen sehen«, d.h. seine Liebe unverhüllt erkennen! Der Beter hofft auf die rettende Nähe eines unsterblichen, alles tragenden Du. Und er hofft zugleich auf das »Land, das keine Grenzen kennt«: wo er unter Gottes Kindern, in Liebesgemeinschaft mit anderen Erlösten, für immer leben kann.

Ach, sehen wir die dann wieder,
Die vor uns gestorben sind?
Joachim Ringelnatz

Kapitel VI
Bis wir uns wiedersehen

Oft werde ich von Angehörigen gebeten, eine ›Aussegnung‹, eine Abschiedsfeier für Verstorbene zu gestalten. Bei solchen Anlässen spreche ich frei formulierte Gebete, etwa mit folgenden Worten:

Gott mache dir den Abschied leicht und sende dir seine Engel, die dich begleiten durch das Tor des Todes. Sie mögen dich führen in das verheißene Land, wo die Sonne nicht mehr untergeht. Der Herr erlöse dich von der Angst, ins Leere zu fallen. Er schenke dir die Freude, *ihn* zu schauen, der deine Wunden heilt: die Wunden der Angst, des nicht Gelungenen, der nicht erfahrenen Liebe. Er zeige dir die wahre Heimat und lasse dich glücklich sein im Himmel – Gott nahe und all den Menschen nahe, die vor und mit dir gelebt haben. Das gewähre dir der Gott des Lebens, der dem Tod die Macht genommen hat und sich jetzt freut auf dich.[137]

Im Anschluss an solche Gebete kommt es in der Regel zum Gespräch mit den Trauernden. Und manchmal wird die Frage ausgesprochen: Werde ich meine Mutter, meine Partnerin, meinen besonderen Freund in der Ewigkeit wiedersehen?

Erstaunlich oft kann ich erleben: Für viele Trauernde ist es selbstverständlich, dass es ein Wiedersehen in der Ewigkeit geben wird – und dass schon jetzt eine Verbindung zu den

Verstorbenen besteht. Menschen, die dies glauben oder zumindest hoffen, werden dennoch traurig sein: weil sie die geliebte Person in der gewohnten Weise nicht mehr spüren. Aber sie können mit ihrer Trauer meist besser umgehen als die Agnostiker. Denn sie ahnen ja: Die Liebe ist stärker als der Tod, und im Himmel wird es keine Trennung mehr geben.

Der Glaube an ein Wiedersehen nach dem Tode ist von zeitloser Gültigkeit. Theologen freilich könnten sich fragen: Ist der Himmel eher die ›Gottesschau‹ oder eher der Ort des Zusammenseins mit bestimmten Menschen? Diese Frage aber führt, alternativ gestellt, in die Irre. Denn beide Aspekte sind grundsätzlich aufeinander bezogen.

Die unbedingte Verwiesenheit des Menschen auf Gott muss ja nicht – wie in der scholastischen Theologie des Mittelalters – dazu führen, dass der Himmel fast ausschließlich als ›Gottesschau‹ und nur beiläufig als ›Communio Sanctorum‹, als Liebesgemeinschaft der Menschen untereinander, verstanden wird. Nein, was die Himmelsvorstellungen betrifft, hat es in der Christentumsgeschichte stets beides gegeben: die stärkere Betonung des ›theozentrischen‹ und die stärkere Betonung des ›anthropozentrischen‹ Gesichtspunkts.[138]

Dieser zweite Aspekt – das Wiedersehen mit unseren Lieben – soll im folgenden Abschnitt, anhand von poetischen Texten, fokussiert werden.

1. Überlieferte Vorstellungen

Der Gedanke eines Wiedersehens mit bestimmten Menschen im Jenseits ist eindeutig belegt schon in der vorchristlichen Antike, besonders eindrucksvoll in hellenistischen Grabepigrammen. In einem Gedicht des Dioskorides (3. Jahrhundert v. Chr.) zum Beispiel ist von einem Freigelassenen die Rede, der seinen Herrn noch in der Unterwelt umsorgen will.[139] Weitere Schriften dieser Art finden wir aus derselben Epoche. So verfasste der griechische Dichter Kallimachos das Grabepigramm: »Suchst du Timarchos im Hades, (...) frag nach dem Sohn des Pausanias (...). Unter den Seligen triffst du ihn mit Sicherheit an.«

In ähnlichen Formen begegnet die Vorstellung einer jenseitigen Wiedervereinigung von Freunden und Verwandten in der Spätantike, vor allem aber in der Literatur und der bildenden Kunst um und nach 1500.

In der christlichen Antike und im Mittelalter freilich dominierte wohl eher der ›theozentrische‹ Himmel. Der frühe Kirchenlehrer Augustinus war der Ansicht: Irdische Beziehungen – »Freunde, Familie, Kinder und Frau«[140] – hätten im Himmel keinen Platz mehr. Persönliche Freundschaften würden aufgelöst in eine allgemeine Liebesgemeinschaft. Doch diese Meinung setzte sich nicht überall durch. Sie wurde in späterer Zeit vergessen oder sogar ausdrücklich verworfen.

Augustinus selbst korrigierte in reiferen Jahren sein Jenseitsbild. In den ›Bekenntnissen‹ und deutlicher noch im Spätwerk ›Über den Gottesstaat‹ kam er zu einer neuen, weit positiveren Bewertung der menschlichen Beziehungen: Besondere Freundschaften, verwandtschaftliche Bindungen durften nun auch im Jenseits weiter bestehen, wobei Augustinus »die materielle Seite des menschlichen Körpers mehr betonte, als es seine frühere Philosophie zugelassen hatte«[141].

Über 150 Jahre zuvor schon hatte der Kirchenschriftsteller Cyprian von Karthago in seiner Schrift ›Über die Sterblichkeit‹ (ca. 253) den Himmel sehr menschlich beschrieben: »Eine große Anzahl von Lieben erwartet uns dort, eine stattliche, mächtige Schar von Eltern, Geschwistern und Kindern sehnt sich nach uns.«[142] Mit dieser Auffassung stand Cyprian unter den Autoritäten der frühen Christenheit nicht völlig allein. Mit ähnlichen Worten brachten auch andere Gelehrte, zum Beispiel der große lateinische Kirchenvater Ambrosius von Mailand, die Hoffnung auf ein jenseitiges Wiedersehen mit verstorbenen Angehörigen zum Ausdruck.

Im Mittelalter indessen herrschte die theozentrische Deutung des Himmels wohl vor. Für den Dominikaner-Theologen Thomas von Aquin jedenfalls, den einflussreichsten Lehrer der vorreformatorischen Kirche, war die Seligkeit des Himmels (die ›Visio beatifica‹) nahezu identisch mit der ›Gottesschau‹. Thomas war der Meinung, dass die Himmelsbewohner von der göttlichen Nähe dermaßen erfüllt seien, dass sie – wie der Dogmengeschichtler Wolfgang Beinert formulierte – »nach nichts und niemand anderem Verlangen haben, es sei denn ganz am Rande (akzidentell) nach den anderen heiligen Menschen«[143].

2. Der vermenschlichte Himmel

Man kann es gut verstehen: Als wirklich attraktiv wurde diese Art von Himmel nur von wenigen angesehen. Mit der abstrakten Theorie der himmlischen Gottesschau bei Thomas von Aquin wurde den Menschen »die Freude an der Seligkeit genommen«[144]. Jedenfalls verband sich mit diesem Himmel sehr bald ein Gefühl der Langeweile. »Wir kennen dessen Karikatur: Die Seligen sitzen in langen weißen Hemden auf einer Wolke (…) und singen unablässig Halleluja.«[145]

Gegen Thomas von Aquin, den hoch gerühmten Verfasser der ›Summa theologica‹, dürfen wir annehmen: Im Glaubensbewusstsein der meisten Christen bestehen die Freuden des Himmels nicht ausschließlich in der ›Gottesschau‹, sondern ebenso in der wechselseitigen Liebesbeziehung der erlösten, von den Schranken der raumzeitlichen Existenzform befreiten Menschen.

Interessant ist: Im Franziskanerorden gab es eine Gegenbewegung zu Thomas von Aquin. Diese philosophisch-theologische Opposition hatte ihren Wortführer in Johannes Duns Scotus. Der schottische Theologe ging – so Herbert Vorgrimler – »von der Unterscheidung zwischen erstrangiger und zweitrangiger Glückseligkeit aus. Die erstrangige Glückseligkeit, meinte er, komme als Geschenk des Himmels von Gott her (...). Die zweitrangige Glückseligkeit komme von den anderen seligen Geschöpfen her; diese, zum Beispiel die großen Heiligen, könnten sich den andern Seligen frei und aktiv zuwenden, und dadurch könne deren zweitrangige Seligkeit auch im Himmel noch unendlich wachsen.«[146] Natürlich ist die anthropozentrische Seite des Himmels insofern »zweitrangig« als sie ihren *Ursprung*, ihren *Grund* ja in der Gottesbeziehung hat. Gleichwohl bleibt der zwischenmenschliche Aspekt der Seligkeit für Denker wie Duns Scotus von hoher Bedeutung.

Schon immer wurde gefragt: Werden wir mit den Menschen, die wir in besonderer Weise liebten, auch nach dem Tode eine persönliche Beziehung pflegen? Ähnlich bejahend wie in der Antike und im Mittelalter die Kirchengelehrten Cyprian, Ambrosius, Augustinus oder Duns Scotus dachten zu Beginn der Neuzeit viele Theologen und Schriftsteller, darunter auch große Heilige. Der französische Ordensgründer Franz von Sales etwa, der Bischof von Genf, den mit der Witwe und späteren Äbtissin Jeanne François de Chantal eine tiefe Seelenfreundschaft, eine Art geistige Ehe verband, hob hervor: »Die Freundschaften, die schon in diesem Leben gut waren, werden in der Ewigkeit fortdauern. Wir werden bestimmte Menschen lieben.«[147]

Seit der Renaissance mit ihrer Wende zum Subjekt fragte man konkreter, worin die jenseitige Vollendung des Menschen bestehe. So schilderte – in Anlehnung an Platons und Ciceros Auffassung von der Wiederbegegnung mit Bekannten im Jenseits[148] – der italienische Humanist Lorenzo Valla in seinem Dialog ›Vom wahren Guten‹ (1431) eine Himmelsszene, die in der Wiedervereinigung der Verstorbenen mit ihren Angehörigen den eigentlichen Höhepunkt erreicht.[149]

Vor allem auch in der bildenden Kunst wurde die vermenschlichte Seite der Himmelssehnsucht zur Anschauung gebracht. So zeigte der italienische Maler Giovanni di Paolo auf einer Altarpredella – mit dem Titel ›Die Seligen im Paradies‹ (1465) – einen sehr farbigen Himmel: Das wiederhergestellte Paradies ist erfüllt von froh gestimmten Gestalten. Sie begegnen sich in lebhafter Konversation, ihre Augen wenden sich einander zu und sie umarmen sich innig.

Erst recht sehr plastisch dargestellt wurde der Himmel in der barocken Sakralkunst. Die weitgehend ungebrochene Projektion des irdischen Daseins auf die göttliche Welt führte zu einer intensiveren Betrachtung des Menschen, wie er im Himmel leben wird. Dieses künftige Leben kann, so dachte der barocke Christ, »nicht so ganz anders sein als vorher, sonst würde der konkrete Mensch nicht wirklich und konkret vollendet«[150].

3. Barocke Glaubensgewissheit

Der Dichter und Gemeindepfarrer Paul Gerhardt zum Beispiel stellte sich die Auferstehung der Toten nicht nur als Vollendung der individuellen Lebensgeschichte, sondern auch als Wiederherstellung des irdischen Körpers vor. In seinem Kirchenlied ›Ich weiß, daß mein Erlöser lebt‹ (1667) finden wir die bezeichnenden Verse:

Zwar alles, was der Mensche trägt,
Das Fleisch und seine Knochen,
Wird, wenn er sich hin sterben legt,
Zermalmet und zerbrochen (...).
Doch solls nicht stets so bleiben.

Es soll doch alles wieder stehn
In seinem vorgen Wesen,
Was niederlag, wird Gott erhöhn,
Was umkam, wird genesen.
Was die Verfaulung hat verheert
Und die Verwesung ausgezehrt,
Wird alles wiederkommen.[151]

Gerhardt, der zutiefst im biblischen Denken verwurzelte Lutheraner, war ein Meister der christlichen Lebenskunst. Von Natur aus war er ein bodenständiger und überaus sinnenfreudiger Mensch. Er hat es als Liederdichter wie kaum ein anderer verstanden, seinen Gemeinden – und späteren Generationen – viel Lebensmut und Trost zuzusprechen.

1657 traf ihn selbst ein schwerer Schicksalsschlag. Das erste Töchterchen, Maria Elisabeth, starb im Alter von nur knapp einem Jahr. Dieser Schmerz wurde chronisch. Gerhardt musste viele Kinder beerdigen, darunter noch drei eigene. Auch seine geliebte Frau hat der Dichter verloren. Anna Maria starb im Alter von 46 Jahren. Der Klage und dem Schmerz aber ließ Gerhardt nicht das letzte Wort. Im Zentrum seines Lebens standen, trotz und in aller Not, das Lob Gottes und die Erbauung der Menschen.

In vielen seiner Gedichte besingt er die Schönheit der Schöpfung. Als Freund der Natur, der Pflanzen und der Tiere ist er jedoch weit davon entfernt, die irdische Wirklichkeit zu verklären: So wunderbar Gottes Schöpfung ist, sie bleibt doch die »arme Erde« mit ihrem Leid und ihrem, oft schrecklichen, Tod.

Fast immer ist in Gerhardts Texten von der Ewigkeit die Rede, von der Freude in Gott, von der wahren Heimat im Himmel. Den letzten und eigentlichen Trost erwartete sich Gerhardt von der ewigen Heimat in Gott. Laut Testament hatte er ein festes Vertrauen, dass er im Himmel den »lieben Herrn Jesum Christum« und »die Meinigen«, d. h. seine toten Kinder und seine verstorbene Frau, »von Angesicht zu Angesicht schauen« werde.[152] Gerhardts Leiderfahrung, aber auch die Überzeugung, dass sich *alles Verlorene in der Ewigkeit wiederfinde*, bringen die sprachlich gebrochenen, in der Aussage um so bewegenderen ›Kindertotenlieder‹ zum Ausdruck, z. B. das Gedicht ›Leid ist mirs in meinem Herzen‹ (1667):

Ach, es ist ein bittres Leiden
Und ein rechter Myrrhentrank,
Sich von seinen Kindern scheiden
Durch den schweren Todesgang! (…)
Diesem Herrn ist nichts verdorben;
Wenn des Todes Nacht vorbei,
Nimmt er das, was war gestorben,
Und machts wieder ganz und neu. (…)

In einem anderen Kindertotenlied (›Mein herzer Vater, weint ihr noch?‹) singt ein verstorbenes Kind den trauernden Eltern aus himmlischen Sphären vor, wie unendlich gut es ihm bei Gott gehe. In den beiden letzten Strophen verspricht das Kind seinen Eltern:

Es kommt die Zeit, da mich und euch
Vereinigen wird in seinem Reich,
Der euch und mich getrennet. (…)
Und für den heißen Tränenfluß
Will ich mit mehr als einem Kuß
Um euren Hals euch fallen.

4. Spätromantische Ewigkeitshoffnung

In der Poesie und der bildenden Kunst der Renaissance und des Barock wurden familiäre Bindungen mit hineingenommen ins Jenseits. Echte Hilfe und nachhaltigen Trost fand Paul Gerhardt im Gedanken, dass die Toten zwar nicht zurückkehren in unsere Welt, die Hinterbliebenen aber künftig dort sein werden, wo ihre Verstorbenen jetzt schon sind: im Himmel, in der vollkommenen Freude.

Zu diesem Urvertrauen bekannte sich auch der Lyriker Matthias Claudius. Er hatte den Tod von vier Geschwistern erlebt, und er selbst musste 1796 den Tod seiner 21-jährigen Tochter Christiane Maria erleiden. So dachte er gewiss auch an den eigenen Schmerz, wenn er trauernde Freunde mit den Worten tröstete: Die Toten »kommen nicht wieder zu uns, aber wir kommen zu ihnen«[153]. In seinen Gedichten fand Claudius einen gemütstiefen, hoffnungsfrohen Ton. Doch in manchen Stunden wird auch Claudius, der Verfasser des eher traurig gestimmten Liedtextes ›Der Tod und das Mädchen‹, sich gefragt haben: Wie tragfähig ist meine Zuversicht? Sind meine Verstorbenen wirklich im Frieden, geborgen in der Herrlichkeit Gottes? Und werde ich sie wiedererkennen?

Das sind Fragen, die auch den Spätromantiker Joseph von Eichendorff zutiefst bewegten. Denn die Wirklichkeit des Todes war in Eichendorffs Leben sehr früh schon präsent. Freiherr von Eichendorff war eine komplexe Persönlichkeit, keineswegs nur eine Frohnatur und alles andere als ein leichtlebiger Mensch. Der Dichter, der die unbeschwerte Novelle ›Aus dem Leben eines Taugenichts‹ (1826) verfasst hat, gilt weithin als Vertreter der ›Wald- und Wanderromantik‹. Seine Werke sollten aber nicht verniedlicht werden. Ernste, ja melancholische und dissonante Akzente sind nicht zu übersehen.

Das Ehepaar Eichendorff hatte fünf Kinder, von denen zwei sehr früh starben. Vor allem der Tod des Töchterchens Anna hat die Eltern getroffen. Eichendorffs Klagelieder, die die zeitgenössischen Rezensenten tief beeindruckten, wurden 1837 zu dem zehnteiligen Zyklus ›Auf meines Kindes Tod‹ zusammengefasst. Im ersten Gedicht wird der Tod des Kindes als Übergang in eine Blumenwiese dargestellt. Ähnlich wie in Paul Gerhardts Lyrik werden die Hinterbliebenen als weinende Eltern gegenwärtig, die noch nichts ahnen vom jenseitigen Paradies: dem Ort der vollkommenen Schönheit, wo die Verheißung der himmlischen Seligkeit in Erfüllung geht. Das Gedicht gestaltet den Gedanken, dass das Paradies nicht endgültig verloren und die irdische Natur ein Vorglanz des jenseitigen Paradiesgartens sei: Die »Mutter« Erde lässt das Kind sterben, indem sie es »herzinnig in ihren Schoß« zieht (Z. 16), so dass es den »viel schöneren Garten« (Z. 20) der Ewigkeit erleben kann. Die weiteren Gedichte sind der Not, der Verzweiflung der Eltern gewidmet. Im achten Teil des Zyklus aber vollzieht sich ein Wechsel der Perspektive. Wie der Germanist Joseph Groben unterstreicht, erkennen die Eltern:

> Sie selbst sind die Unbehausten, (...) während ihr Kind schon den Weg in die endgültige Geborgenheit des »Hauses« (...) gefunden hat. Der unerschütterliche Unsterblichkeitsglaube des Christen Eichendorff eröffnet im tiefsten Leid einen Ausweg. Die Tragik ist überwunden, die Hoffnung auf das Wiedersehen aller Getrennten im Jenseits lenkt den Blick ab vom gegenwärtigen Verlust, indem sie die tröstliche Botschaft verkündet: »Selig sind die Toten!«[154]

Die Hoffnung auf ein jenseitiges Wiedersehen mit der geliebten Tochter kann den Ausbruch neuer Klagen allerdings nicht verhindern. Der Schmerz über den gegenwärtigen Verlust durchdringt die Texte immer wieder. In der dritten Strophe des achten Gedichts wird dieser *Zwiespalt von Jenseitsfreude und Erdverhaftung* auch formal gestaltet: Statt der üblichen Reime kommen nur Assonanzen, Halbreime, vor. Der Autor muss sich darauf einstimmen, dass ein Wiedersehen erst im Himmel möglich ist. So spricht er im zehnten Gedicht sein verstorbenes Kind direkt an: »O bitt für mich da droben, / Dass wir uns wiedersehn!«

Wie sehr Joseph von Eichendorff, der bekennende Katholik, an dieser Ewigkeitshoffnung festhielt, geht aus einem 1986 wiederentdeckten Gedicht hervor. Auch in diesem Text wird des toten Kindes gedacht, das den Dichter im Himmel erwartet. Die letzte Strophe lautet:

Mein Kindlein ist schon in der Höhe
Und wartet droben mein –
Ach wenn ich sie wiedersehe,
Das wird eine Freude sein![155]

Ende 1855 starb Luise, die geliebte Ehefrau Eichendorffs. »Mir ist«, schrieb er an seinen Sohn Hermann, »als könnt ich nie wieder fröhlich sein.« Wie bisher aber ging er weiterhin jeden Morgen zum Gottesdienst. Er erkältete sich, zwei Jahre später, bei einem Kirchgang und starb an einer Lungenentzündung. Er wurde neben seiner Gattin beigesetzt.

5. Rückerts ›Kindertotenlieder‹

Fast zeitgleich mit Eichendorffs Zyklus ›Auf meines Kindes Tod‹ entstanden die ›Kindertotenlieder‹ des Orientalisten, Übersetzers und Lyrikers Friedrich Rückert. Wie Eichendorff hatte er den Tod von Kleinkindern zu beklagen: Ernst und Luise starben um die Jahreswende 1833/34 im Alter von fünf bzw. drei Jahren. Friedrich Rückert hat diesen Schicksalsschlag »nie verwunden. Er versuchte seiner Untröstlichkeit Herr zu werden, wie er es immer getan hatte: schreibend, das Unsägliche in die Sagbarkeit überführend, es bändigend in Form.«[156]

Anders als Eichendorff war Rückert jahrzehntelang der Verzweiflung sehr nahe. Er musste durch die ›Hölle‹ hindurch. Allein vom Januar bis zum Sommer 1834 brachte er täglich bis zu vier Gedichte, die ›Kindertotenlieder‹, zu Papier, fast ein halbes Tausend insgesamt: Texte, in denen Hans Wollschläger »die größte Totenklage der Weltliteratur (...), eine Verlustmeldung und Todesanzeige von gewaltigster Dimension« gesehen hat.

Einige dieser Gedichte wurden später von Gustav Mahler vertont, darunter das folgende:

Oft denk' ich, sie sind nur ausgegangen,
Bald werden sie wieder nach Haus gelangen,
Der Tag ist schön, o sei nicht bang,
Sie machen nur einen weitern Gang.

Ja wohl, sie sind nur ausgegangen,
Und werden jetzt nach Haus gelangen,
O sei nicht bang, der Tag ist schön,
Sie machen den Gang zu jenen Höhn.

Sie sind uns nur voraus gegangen
Und werden nicht hier nach Haus verlangen;
Wir holen sie ein auf jenen Höhn
Im Sonnenschein, der Tag ist schön.

In *diesem* Gedicht hat Rückert das Dunkel überwunden: Wenn die Toten uns nur »voraus gegangen« sind, jenen göttlichen Höhen entgegen, auf denen wir sie, nach dem eigenen Tod, »einholen« werden »im Sonnenschein«, *dann* müssen die Trauer und der Schmerz nicht mehr tödlich sein, *dann* können die Tage wieder schön werden, *dann* können wir uns dem Leben, hier und jetzt, wieder zuwenden.

Wie Eichendorff war Rückert Christ, der den Glauben an ein persönliches Sich-wieder-Finden jenseits der Todesgrenze nicht aufgab. So blieb er in seinem Schmerz nicht völlig ungetröstet, auch nicht beim Tod seiner Ehefrau Anna-Luise. Als sie 1857 verschied, schrieb der Dichter einen Nachruf, der mit den Versen beginnt:

Alle deine Wunden
Sind Dir nun verbunden,
Alle deine Schmerzen
Sind Dir nun gestillt.[157]

Friedrich Rückert machte sich fest im Glauben. Er vertraute darauf: ›Drüben‹, auf der anderen Seite der Wirklichkeit, werden auch *seine* Wunden geheilt sein und wird er seine Frau und seine Kinder wiedersehen.

6. Der Brandner Kaspar

Wird das Thema ›Trauer und Schmerz‹ bzw. ›Wiedersehen im Jenseits‹ bei Künstlern wie Rückert mit dem größten Ernst, mit der Sehnsucht eines gequälten Herzens behandelt, so wird dieser Ernst im ›Brandner Kaspar‹, einem bajuwarischen Volksstück, mit viel Humor vermengt. Der Brandner Kaspar, ein lebenslustiger Mensch in einem oberbayerischen Gebirgsdorf, ist hin- und hergerissen zwischen dem irdischen und dem ewigen Leben. Trotz seines vorgerückten Alters hat er zum Sterben keine Lust. Und so trickst er den Gevatter Tod, den Boandlkramer, beim Kartenspiel aus.

Nach göttlichem Ratschluss soll der Brandner Kaspar vom Gevatter Tod in den Himmel geleitet werden. Doch mit mehreren Stamperln Schnaps macht der 72-jährige Kaspar den Boandlkramer betrunken. Er überredet ihn zum Kartenspiel und trotzt ihm, mit gezinkten Karten, noch achtzehn weitere Lebensjahre ab.

Der listige Handel aber bringt keinen Gewinn. Brandners Angehörige – seine Frau Traudl, in der Urfassung auch seine Söhne Girgl und Toni – sind schon gestorben; und der Kaspar wird immer einsamer. Am 75. Geburtstag trifft ihn ein weiteres Unglück: Marei, seine geliebte Enkelin, kommt in den Bergen ums Leben; und dem Kaspar vergeht nun endgültig die Freude am Dasein. Sterben freilich will er noch immer nicht. Als aber der Gevatter Tod ihm anbietet, stundenweise das Paradies zu sehen und die Seligkeit auszuprobieren, sagt Brandner zu und fährt mit dem Boandlkramer gen Himmel.

Den Schrecken hat der Tod nun verloren. Überwältigt von der Schönheit des Himmels, will Kaspar für immer dort bleiben. Es wird ihm gewiss nie langweilig werden. Denn seine Traudl, seine Söhne, sein Enkelkind, seine Eltern und alle seine verstorbenen Freunde findet er wieder – in verklärter Gestalt. Der Brandner Kaspar ist glücklich im Paradies. Und von den fünfzehn Jahren, die ihm auf Erden noch zustehen, will er jetzt nichts mehr wissen.

Der Inhalt dieser Geschichte von Tod und Glückseligkeit wurde im Laufe der Zeit variiert und erweitert. Den ursprünglich nur wenige Seiten umfassenden Text hat der Münchener Schriftsteller Franz von Kobell in bayerischer Mundart verfasst. Kobells Kurzgeschichte erschien 1871 in den ›Fliegenden Blättern‹, einem satirischen Wochenblatt. Ähnlich wie Ludwig Thomas ›Ein Münchner im Himmel‹ (1911) wurde der ›Brandner Kaspar‹, weit über die bayerischen Grenzen hinaus, zu einem Klassiker des Volkstheaters.[158]

Viel ausgeprägter als in der Urfassung ist das heutige Theaterstück eine beliebte Komödie. Ganz anders als etwa in Hofmannsthals ›Jedermann‹ wird im ›Brandner Kaspar‹ die Angst des Menschen vor dem Tod mit Witz und Ironie behandelt. Oft freilich wird die Grenze zum Klamauk überschritten. Trotzdem ist die Thematik des Bühnenwerks, auch in der jetzigen Form, von ernster Bedeutsamkeit. Denn genau wie dem Brandner Kaspar geht es sehr vielen – besonders älteren – Menschen: Einerseits klammern sie sich an das Leben in dieser Welt, andererseits freuen sie sich auf das Wiedersehen mit geliebten Verstorbenen im Jenseits. In seelsorglichen Gesprächen erlebe ich diesen Zwiespalt des Brandner Kaspar nahezu täglich.

7. ›Die Brüder Karamasoff‹

Es hat sich gezeigt: Der Glaube an ein jenseitiges Wiedersehen mit bestimmten Menschen beschränkt sich nicht auf das Mittelalter oder die Barockzeit. So wurde in der religiösen Literatur des 19. Jahrhunderts der Himmel zu einer transzendenten Freundes- und Familienbegegnung. Dostojewskis Altersroman ›Die Brüder Karamasoff‹ (1878–1880) beispielsweise endet mit dem Begräbnis des kleinen Iljuschetschka und einem – für manche heutige Leser paradox anmutenden – Jubelgesang der Schulkameraden:

»Hurra, Karamasoff!« rief begeistert Kolja.
»Und ewiges Andenken dem toten Knaben!« fügte wiederum Alescha mit Gefühl hinzu.
»Ewiges Andenken!« wiederholten die Knaben.
»Karamasoff!« rief Kolja, »hat denn die Religion wirklich recht, wenn sie lehrt, daß wir alle von den Toten auferstehen und einander wiedersehen werden, alle, auch Iljuschetschka?«
»Zweifellos werden wir auferstehen, zweifellos werden wir uns wiedersehen, und heiter, freudig, werden wir einander alles erzählen, was gewesen ist«, antwortete halb lachend, halb begeistert Alescha.[159]

Eine, für mein Gefühl, verlockende Perspektive! Nach dem Tode werden wir »einander alles erzählen, was gewesen ist« in unserem Leben!

Der Gedanke eines Wiedersehens in der Ewigkeit nimmt dem Tod die verzweifelte Tragik. Aleschas Antwort – »Zweifellos werden wir auferstehen, zweifellos werden wir uns wiedersehen« – löst die größte Freude aus: »Ach, wie wird das schön sein!«, ruft Kolja den Kameraden zu.

Fjodor M. Dostojewski – der 1849 zum Tode verurteilt wurde, schon am Pfahle stand, um erschossen zu werden, und dann begnadigt wurde – verdankte seinen Glauben an die Überwindung des Todes der Bibellektüre. Damals, 1849, hatte ihn der Tod freigegeben: Der Dichter sollte »verkünden, was er alles erschaut hatte im Angesichte des Todes. Er hat das treulich erfüllt.«[160] Vielleicht am schönsten hat Dostojewski seinen Verkündigungsauftrag im Finale des ›Karamasoff‹-Romans erfüllt. Der Tod, so lautet die Botschaft, kann uns das Liebste nicht rauben. Denn wir alle werden »von den Toten auferstehen und einander wiedersehen«.

Schon in den Anfangspartien der ›Karamasoff‹-Erzählung stehen im Mittelpunkt die Trauer um ein verstorbenes Kind und der Gedanke einer Liebesverbindung über den Tod hinaus. Zweifellos sind diese Passagen stark autobiographisch gefärbt. Dostojewski war in zweiter Ehe mit Anna Snitkina verheiratet, die ihm vier Kinder gebar. Das erste Töchterchen, Sonja, starb noch im Geburtsjahr 1868. Das Söhnchen Aljoscha, 1875 geboren, starb im Jahre 1878 – während der Vater schon mit der Niederschrift des ›Karamasoff‹-Romans begonnen hatte. Von ihrer und ihres Mannes Verzweiflung angesichts der Totenbahre des Kindes berichtet Dostojewskis Ehefrau in ihren Lebenserinnerungen.[161]

In Begleitung des Dichters Wladimir Solowjew reiste Dostojewski kurz nach dem Tode Aljoschas zur Eremitage von Optina. Dort wurde ihm in der Begegnung mit dem Beichtvater Ambrosius jener Trost zuteil, den er in den ›Brüdern Karamasoff‹ der Nachwelt vermittelte. Ambrosius gab das Vorbild ab für den Starez Sossima, den geistlichen Lehrer und Begleiter, der im ›Karamasoff‹-Roman die Herrlichkeit Gottes und das Wiedersehen im Himmel verkündet.

8. ›Hanneles Himmelfahrt‹

Der Glaube an ein jenseitiges Leben und eine Wiederbegegnung mit lieben Angehörigen bestimmt, traumhaft schön, auch das Bühnenstück ›Hanneles Himmelfahrt‹ (1893) von Gerhart Hauptmann. Dieses Schauspiel, das ich vor Jahrzehnten zum ersten Mal gesehen habe, hat sich meiner Seele tief eingeprägt.

Hauptmann, der als einer der bedeutendsten Dramatiker des Naturalismus gilt, hat in diesem Werk den naturalistischen Rahmen gesprengt. Die äußere Realität, der Traum und die Märchenwelt gehen ineinander über. ›Hanneles Himmelfahrt‹ spielt im Armenhaus eines Gebirgsdorfes. Wie schon in früheren Stücken Hauptmanns wird zu Beginn das Elend der Ausgestoßenen vorgeführt. In den sich anschließenden Szenen aber verschmelzen Wirklichkeit und Halluzination in kunstvoller Weise.

Seit dem Tode der Mutter wird Hannele vom Stiefvater drangsaliert und geschlagen. Er treibt das Kind in den Tod. In einem Teich will sich Hannele das Leben nehmen, was jedoch misslingt, da das Mädchen von einem Arbeiter gerettet wird.

Nun endlich, in ihren Fieberphantasien, erlebt Hannele die Erfüllung ihrer kindlichen Wünsche. Der Diakonissin Martha erklärt das todkranke Mädchen wiederholt: »Ich mag nicht gesund werden. Ich möchte so gern in den Himmel kommen.«[162] In Fieberträumen erscheinen zuerst der Stiefvater, der Hannele entsetzliche Angst einflößt, dann die verstorbene Mutter, die sie in den Schlaf singt, und zuletzt der Heiland, der die Gesichtszüge des Lehrers Gottwald trägt und das Mädchen aufstehen lässt zum unverweslichen Leben.

Im Sterben öffnet sich dem Kind das Paradies. Hannele entflieht der Trostlosigkeit des Erdendaseins, Engelsgesänge begleiten die Sterbende in eine Welt ohne Armut und Schmerz, in eine Welt des Lichtes und der Liebe. Am Ende antwortet der Arzt auf die Frage der Diakonissin – »Tot?« – mit einem nüchternen, kargen »tot«. Denn von außen gesehen ist eine andere Antwort nicht möglich. Dem Zuschauer wird es überlassen, ob er bei dieser Außensicht stehen bleiben oder Hanneles Glauben an die himmlische Liebe übernehmen will.

Gerhart Hauptmann lässt bekannte Märchenmotive in seine ›Traumdichtung‹ einfließen. Auch an Andersens Märchen ›Das kleine Mädchen mit den Schwefelhölzern‹ (1845) ist zu denken. Der dänische Dichter erzählt: Ein erfrierendes, vom Vater misshandeltes Kind sieht die Fülle des Lichts und, in diesem Lichtglanz verklärt, die verstorbene Großmutter – die das Mädchen emporträgt zu Gott, wo es weder Kälte noch Hunger, weder Schläge noch Angst gibt.

Es ist nicht zu übersehen: Andersens Märchen wie auch Hauptmanns Bühnenstück erinnern an die Nahtoderfahrungen bzw. Sterbebettvisionen, wie sie oben beschrieben wurden. Es ist gut denkbar, dass beide Dichter von derartigen Erlebnissen gehört oder gelesen hatten.

9. Die Auferstehung der Toten

Auch von anderen Dichtern des 19./20. Jahrhunderts wurde der Glaube an die Auferstehung der Toten und an das Wiedersehen im Jenseits literarisch bezeugt. Und auch heute ist dieser Glaube noch weithin lebendig. Die Volksfrömmigkeit, die sich auf Jesus-Worte (z. B. Joh 14,2 f.) berufen kann, lässt sich den vermenschlichten Himmel, die Wiedervereinigung mit geliebten Personen, eben nicht nehmen.

Aus moderner theologischer Sicht wird zu dieser Hoffnung noch einiges gesagt werden müssen. So viel vorweg: Das christliche Glaubenssymbol ›Auferstehung der Toten‹ – oder ›Auferstehung des Leibes‹ sogar – verheißt in der Tat einen menschlichen, einen ›geerdeten‹ Himmel. Gemeint ist zwar nicht die Wiederherstellung des jetzigen physischen Körpers (wie sich Paul Gerhardt es vorstellte), wohl aber die *Kontinuität der irdischen Existenz mit der ›Neuen Schöpfung‹*, jenseits der Todesgrenze.

So betont Johanna Rahner zwar, dass der menschliche ›Leib‹ vom materiellen ›Körper‹ nicht ohne weiteres zu trennen sei. Ein ›körperfreier‹ Leib sei undenkbar. Folglich müsse es auch für die Materie, für die Körperwelt eine Perspektive, eine eschatologische Zukunft geben.[163] Dem möchte ich nicht widersprechen. Dennoch ist festzuhalten: Der Leib und der Körper des Menschen sind nicht einfach dasselbe. Ursprünglich bedeutet das Wort ›Leib‹, wie heute noch das englische Wort ›life‹, so viel wie ›Leben‹. Das seit dem 13. Jahrhundert ins Deutsche übernommene Lehnwort ›Körper‹ indessen meint etymologisch eher den »toten Körper«, die »Leiche«.[164]

Der ursprünglichen Bedeutung des Wortes »Leib« entsprechend erläutert Medard Kehl: Der Leib meint den »einen und ganzen Menschen, der nach dem Tod als er selbst, mit seinem real gelebten Leben vollendet werden soll«[165]. Hans Kessler, ebenfalls katholischer Theologe, drückt es so aus:

> Leibhaftige Auferstehung meint, dass der Mensch selbst (keine Ersatzperson) vollendet wird, und zwar mit seinen zu ihm gehörenden – gelebten und verweigerten, gelungenen und gescheiterten – Beziehungen (die Gott heil macht), mit seinen noch uneingeholten oder ihm vorenthaltenen Möglichkeiten (...), kurz: dass Gott aus unseren Fragmenten ein Ganzes macht.[166]

In der heutigen Theologie herrscht in diesem Punkt weithin Konsens: Der Leib steht für den ganzen Menschen, für die konkrete Biographie eines Individuums und somit – *auch* – für die interpersonalen Begegnungen, die das menschliche Dasein konstituieren. Die ›Communio Sanctorum‹, d.h. die Gemeinschaft der Menschen untereinander, ist folglich immer schon mitgemeint, wenn von der Auferstehung der Toten die Rede ist.

Wenn die Auferstehung des Leibes die endgültige Rettung der gesamten Lebensgeschichte, also der menschlichen Person mit ihrem vollständigen Beziehungsgeflecht, beinhaltet, dann muss die Schlusspartie des ›Karamasoff‹-Romans nicht als Kinderglaube belächelt werden. Denn das christliche Verständnis von Tod und Auferstehung hat Dostojewski in den ›Brüdern Karamasoff‹ authentisch und menschlich bewegend geschildert.

Es wird plausibel: Die ›theozentrische‹ Deutung des Todes als Heimkehr zu Gott und die ›anthropozentrische‹ Jenseitsvorstellung eines glücklichen Wiedersehens mit den Verstorbenen gehören untrennbar zusammen. Überdies wird im ›Karamasoff‹-Finale demonstriert, wie der Glaube an das Wiedersehen mit geliebten Verstorbenen *schon jetzt* sehr befreiend sein kann: Allen Leid- und Todeserfahrungen zum Trotz kann dieser Glaube ein frohes Erdendasein bewirken.

Stets bereit,
zu kommunizieren
oder zu sterben,
das ist ein und dasselbe.
Der Tod ist die vollendete,
die ewige Kommunion.
Maurice Blondel

Kapitel VII
Die Hoffnung auf Gerechtigkeit

Vom jenseitigen Wiedersehen mit nahen Angehörigen sind viele Menschen überzeugt. In ›Buddenbrooks‹ (1901) aber, am Schluss des Erstlingsromans Thomas Manns, sinniert Frau Permaneder: »Tom, Vater, Großvater und die anderen alle! Wo sind sie hin? Man sieht sie nicht mehr. Ach, es ist so hart und traurig!«

Die Skepsis scheint im ›Buddenbrooks‹-Finale zu überwiegen:

»Es gibt ein Wiedersehen«, sagte Friederike Buddenbrook. »Ja, so sagt man ... Ach, es gibt Stunden, Friederike, wo es kein Trost ist (...). Das Leben, wißt ihr, zerbricht so manches in uns, es läßt so manchen Glauben zuschanden werden ... Ein Wiedersehen ... Wenn es so wäre ...«

In Opposition zu Frau Permaneder freilich besteht die bucklige Sesimi auf einem Wiedersehen in jenseitigen Sphären: *»Es ist so!«*[167]

Sesimi ist sich ihrer Sache ganz sicher, sie scheint keinen Zweifel zu kennen. Diese Art von Glaubens-*Gewissheit* ist, wie ich annehme, gar nicht so selten. Sie ist symptomatisch vor allem für evangelikale Strömungen innerhalb der christlichen Kirchen, sei es in Europa, in Ländern der ›Dritten Welt‹ oder in Nordamerika.

Der moderne Mensch ist zwar diesseitsorientiert. Jenseitige Dinge werden oft belächelt oder geleugnet. Es gibt aber auch gegenläufige Tendenzen. Speziell in neuester Zeit erschienen – vorzugsweise in den USA – religiöse Bücher, die den Jenseitsgedanken und den Glauben an ein persönliches Wiedersehen im Himmel ganz besonders betonen.[168]

Doch nicht nur ›fromme‹, auf ein wörtliches Bibelverständnis fixierte Fundamentalisten, auch nachdenkliche, kritische Geister sehnen sich nach einer Wiedervereinigung mit verstorbenen Angehörigen. Für den ›anthropozentrischen‹ Aspekt des Himmels, für die Annahme eines jenseitigen Wiedersehens mit bestimmten Personen gibt es viele literarische Zeugnisse – auch in der Gegenwart.

Dabei ist zu beachten: Der Glaube an die jenseitige Gemeinschaft der Verstorbenen darf nicht eingeengt werden auf Verwandte und Freunde. Einbezogen in diese Gemeinschaft sind, in je unterschiedlicher Weise, *alle* Himmelsbewohner – auch Menschen, die uns auf Erden fremd waren oder die uns sogar beschädigt haben.

1. Das ›Letzte Gericht‹

Was bleibt von mir, wenn ich tot bin? Meine vorläufige Antwort: Was bleibt, ist meine Person, mein wahres Selbst, zu dem – untrennbar – die Beziehungen gehören, die ich auf Erden gestiftet habe oder die mir geschenkt wurden. Zu den Menschen, die mich beeinflussen und prägen, gehören auch meine Gegner und ›Feinde‹. In diesem Zusammenhang finde ich die Position des katholischen Theologen Ottmar Fuchs interessant: Spätestens nach dem Tod, im ›Letzten Gericht‹, werden wir all den Menschen gegenübertreten, die wir in irgendeiner Weise verletzt haben oder von denen wir selbst verletzt wurden.

Unser Gerechtigkeitsgefühl verlangt ja: Wer Böses tut (oder sagt oder denkt), muss sich verantworten vor Gott – aber auch vor den Geschöpfen, an denen er schuldig wurde. Hier auf Erden ist dies nicht immer möglich. In seinem Buch ›Das Jüngste Gericht‹ (2007) unterstreicht deshalb Fuchs die *jenseitige* Berührung mit den Wunden, die wir anderen zugefügt haben.

Damit sich das Böse nicht durchsetzt und die Täter nicht für immer über die Opfer triumphieren, kann es nach biblischer Auffassung keine Gerechtigkeit ohne ›Gericht‹ geben. Diese Sehnsucht nach einer ausgleichenden Gerechtigkeit ist gewiss legitim. Das Endgericht ist eine definitive Antwort auf die vielerlei Erfahrungen des Bösen und der Ungerechtigkeiten in dieser Welt. Nach Ottmar Fuchs und anderen Theologen ist es nötig, dass sich die Menschen in einem letzten Gericht auf Gottes Liebe hin »ausrichten lassen, damit sie in die neue Zukunft nicht wieder das Alte hineintragen, nämlich das Böse und das Leid«[169] (30).

Menschen, die während ihrer gesamten Lebenszeit immer nur Täter oder immer nur Opfer waren, wird es allerdings kaum geben. Meist werden wir uns sowohl als Täter wie auch als Opfer erleben. Und in *beiden* Rollen werden wir, vor Gott und den Menschen, Gerechtigkeit erfahren.

Um der Würde der Opfer willen darf es nicht sein, dass die Täter ›billig‹ davonkommen; deshalb »muss es nicht nur von Gott her, sondern auch von den Menschen her ein Gericht geben« (31). Mit Anselm Grün gesprochen:

Wir werden mit unserer Wahrheit konfrontiert und den Schmerz spüren, dass wir so gelebt haben und so geworden sind, wie wir sind. (...) Wir sind so, wie wir sind, nicht einfach schon gut. (...) Das Gericht deckt auf, wer wir sind. Das ist immer schmerzlich. Aber das letzte Ziel des Gerichts ist, uns auszurichten auf Gott hin.[170]

Wie es schon Hermann Hesse in seiner ›Knulp‹-Erzählung[171] veranschaulicht hat, ist dieses ›Letzte Gericht‹ keine ›Hinrichtung‹, sondern – im Gegenteil – eine Aus-richtung auf Gott, auf die rettende Liebe. Das Ziel ist die Genugtuung für die Opfer und *zugleich* die Rettung der Täter.

Allerdings müssen die Täter wie die Opfer das Angebot der göttlichen Gnade auch *annehmen*. Die Rettung ist nicht möglich ohne den Reueschmerz; und sie ist nicht möglich ohne Vergebung.

Es wird, so Ottmar Fuchs, »Genugtuung eingefordert werden, Wiedergutmachung, Buße, was auch immer für Wörter uns für einen Vorgang zur Verfügung stehen, wo Tätern aufgeht, was sie getan haben (...). Es hängt alles davon ab, dass sich die Täter und Täterinnen in diese Begegnung hineingeben und dass sie sich nicht verweigern« (114).

Aufgerichtet werden, im Falle der Zustimmung, die Opfer wie auch die Täter. Ottmar Fuchs ist freilich der Meinung, dass die Reueschmerzen der Täter auch *nach* dem Endgericht nicht für immer vergessen sind:

Die markierten Erinnerungen, die Narben dieser Wunden von Leidverursachung und Sühneschmerz werden bleiben: als dann allerdings ›verklärte‹ Erinnerungszeichen, so dass in Ewigkeit die Leidzufügungen nicht vergessen sind, sondern, allerdings im Zustand erfolgter Versöhnung, gegenwärtig bleiben. Die Erinnerung an die verschuldeten Leiden der Opfer wird (...) in den Tätern wach bleiben. (133)

Nicht jeder wird Ottmar Fuchs ohne weiteres zustimmen. Manchen Lesern werden solche Gedanken *allzu* menschlich erscheinen. Ich denke aber durchaus: Unsere gesamte Lebensgeschichte bleibt, allerdings in einer endgültig erlösten Form, für immer gegenwärtig.

2. Hinab in die Hölle?

Wenn ein Mensch aber die Gnade auch im Endgericht zurückweist? Wenn er Reue und Buße auch dann noch verweigert? Kommt er dann in die ewige ›Hölle‹? Wird er hinausgeworfen in die »äußerste Finsternis«, wo »Heulen und Zähneknirschen« (Mt 8,12 u. ö.) jede Liebe ersticken?

Manche bestehen darauf: Es *muss* eine Hölle geben. Zumindest die Schwerstverbrecher *müssen*, um der Gerechtigkeit willen, für immer verdammt werden. Ich kann solche Ansichten gut verstehen – zumal ja die kirchliche Verkündigung zwei Jahrtausende lang mit der Hölle gedroht hat. Dennoch bin ich, was die Hölle betrifft, sehr behutsam und vorsichtig.

Im Anschluss an Vorträge wurde ich schon öfter gefragt: »Glauben Sie denn nicht an die Hölle?« Meine Antwort lautet stets: Ich kann zwar nicht *wissen*, dass niemand in die Hölle kommt. Aber ich darf und muss *hoffen*, dass es die Hölle, als *ewigen* Zustand, nicht geben wird. Mit dieser Auffassung befinde ich mich in bester Gesellschaft. Unter Theologen der Gegenwart besteht ein weitgehender Konsens in der Überzeugung: Christen dürfen, ja müssen hoffen, dass *niemand* in die Hölle kommt.

Das Zweite Vatikanische Konzil betont, unter Berufung auf die biblischen Schriften, den universalen Heilswillen Gottes:[172] Gott *will*, dass *alle* Menschen gerettet werden. Sollte Gott, so müssen wir fragen, dann nicht in der Lage sein, diesen Willen auch durchzusetzen?

Nach sorgfältiger Abwägung, nach gründlicher Prüfung der biblischen Aussagen und der frühkirchlichen Überlieferung erklärte Hans Urs von Balthasar – ein Theologe, der nie im Verdacht stand, besonders ›progressiv‹ zu sein – in der Spätschrift ›Was dürfen wir hoffen?‹ (1986): Das ewige Verlorensein von vielen oder einigen Menschen ist lediglich eine, vehement vertretene, *Meinung* des Augustinus und anderer Kirchenväter. *Sichere* kirchliche Lehre aber ist die ewige Verdammnis einer bestimmten Anzahl von Menschen keineswegs. Deshalb bekennt sich Hans Urs von Balthasar zur eschatologischen *Hoffnung*, und zwar für *alle*.

Heute ist diese Hoffnung zum Allgemeingut der christlichen Theologie geworden. Auch Joseph Ratzinger betont zwar – aufgrund der menschlichen *Freiheit* – die reale *Möglichkeit* des Verlorengehens. Die theoretisch denkbare ›Hölle‹ deutet er nicht als äußere, von Gott verhängte Strafe. Er definiert sie als *selbst gewählte* Gottesferne des gänzlich verstockten Menschen: als letzte Einsamkeit, in die kein Wort der Liebe zu dringen vermag und die somit »die eigentliche Ausgesetztheit der Existenz bedeutet«[173]. Gleichwohl räumt Ratzinger ein: Die *Hoffnung*, dass zuletzt noch alle gerettet werden, ist legitim und dem Glaubenssinn des Christen gemäß.[174]

Andererseits ist es psychologisch nur allzu verständlich, wenn wir uns gelegentlich wünschen: Dieser Schuft sollte für ewig in der Hölle braten! Aber: Selbst dem schlimmsten Verbrecher bleibt, von Gott her, noch eine Chance. Wenn aber Gott barmherzig ist, soll der Mensch nicht gnadenlos sein. *Erlöst* werden kann der Täter freilich nicht ohne Reue, nicht ohne eine echte Veränderung auf seiner Seite. Durch die Vergebung wird die Tat nicht einfach entschuldigt. Gott aber ist in der Lage, jede Spur von Verderbnis aus dem Leben des Täters zu tilgen – sofern dieser dazu bereit ist und die Versöhnung nicht endgültig ablehnt.

3. Der Heilswille Gottes

Falls wir in der Ewigkeit auch mit ehemaligen Feinden kommunizieren, kann der Himmel dann noch himmlisch sein? Gewiss! Wenn Feinde zu Freunden werden, ist dies ein Fest, wie es schöner nicht sein könnte. Wenn wir schon Versöhnungsfeiern auf Erden als großartig empfinden, um wie viel mehr wird das große, in der Bibel verheißene Fest – das Fest des alles umfassenden Friedens – uns Menschen erfreuen. Oder nicht?

Ich denke insbesondere an das Gleichnis Jesu vom verlorenen Sohn und vom barmherzigen Vater (Lk 15,11–32). In der Parabel wird erzählt: Nach einem Lotterleben kehrt der jüngere Sohn ins Vaterhaus zurück. Noch *bevor* er seine Reue zeigen und noch *bevor* er sein Vergehen wiedergutmachen kann, kommt ihm der Vater schon entgegen, um ihn freudig zu umarmen. Nicht genug damit, der Vater lässt für den Heimkehrer ein Festmahl bereiten! Der ältere Sohn aber, der stets anständig gelebt hat, ist empört. Er empfindet – wir können es verstehen – das Verhalten des Vaters als ungerecht und unangemessen. Doch der Vater stellt klar:

> Mein Kind, du bist immer bei mir, und alles, was mein ist, ist auch dein. Aber jetzt müssen wir uns doch freuen und ein Fest feiern; denn dein Bruder war tot und lebt wieder; er war verloren und ist wiedergefunden worden. (Lk 15,31 f.)

Wer ist gemeint? Die eigentlichen Adressaten dieses Gleichnisses sind die »Pharisäer« und die »Schriftgelehrten«, die sich darüber entsetzen, dass Jesus mit den »Zöllnern und Sündern«, den Ausgestoßenen der damaligen Gesellschaft, eine Mahlgemeinschaft pflegt (Lk 15,1 f.).

Worum geht es? Jesus meint mit der Parabel die zuvorkommende Liebe Gottes zu allen Menschen. Er will sagen: So ist

Gott! Wie der Vater im Gleichnis kommt er uns entgegen und bietet die Versöhnung an.

Jesu Bildrede ist provokativ, damals wie heute. Angesprochen sind nicht nur die »Pharisäer und Schriftgelehrten« zur Zeit Jesu. Wir alle sind gefragt: Wollen wir uns darüber freuen, dass Gott alles tut, um alle zu retten? Oder wollen wir lieber, wie der ältere Sohn im Gleichnis, ärgerlich sein und im Schmollwinkel bleiben? Das Gleichnis vom verlorenen Sohn kann auch in eschatologischer Perspektive beleuchtet werden. Nach neutestamentlichem Verständnis sind wir *alle* zum ›Gastmahl‹ der ewigen Herrlichkeit eingeladen – zu einer Gemeinschaft, die keinen ausschließt, die sich öffnet für jegliche Kreatur.

Doch wenn wir im Himmel mit *allen* Geschöpfen verbunden sind, wird dann die Einmaligkeit, die Besonderheit von persönlichen Beziehungen nivelliert werden? Keineswegs! Nach der Auffassung vieler Theologen der Gegenwart jedenfalls hat der Himmel für jeden Einzelnen seine besonderen Farben, seine unverwechselbaren Töne, seine individuelle Melodie.

4. Frühe Vollendung

Nun gibt es Eltern, die den Tod eines *Kindes* beklagen. Sie empfinden es als zutiefst ungerecht: Während andere im hohen Alter friedlich entschlafen, wird die Lebenslinie ihres Kindes grausam abgebrochen.

Inwiefern aber könnte es ein *erfülltes*, personales Leben auch für verstorbene Kleinkinder geben? Wie wir sahen, hofften Dichter wie Paul Gerhardt oder Joseph von Eichendorff, dass ihre früh verstorbenen Kinder im göttlichen Frieden geborgen sind. Obwohl deren Leben nach irdischen Maßstäben unerfüllt war, geht es ihnen – so hofften und hoffen viele Eltern – in der Welt Gottes vollkommen gut, sind sie dort absolut glücklich.

Ich denke: Im Blick auf die Ewigkeit gilt für Kinder im Prinzip dasselbe wie für Erwachsene: ›Verewigt‹, d. h. *aufbewahrt* und *vollendet* in Gottes Reich, wird die konkrete Lebensgeschichte. Im Letzten kommt es nicht darauf an, wie *lange* wir auf Erden gelebt haben. Wichtiger ist, wie *intensiv* wir gelebt haben. Wir können davon ausgehen, dass die, wenn auch kurze, Vita der verstorbenen Kinder so reichhaltig war, dass für die Vollendung durch Gott genügend ›Material‹ vorhanden ist.

Allerdings könnte gefragt werden: Was heißt ›Verewigung‹ des irdischen Daseins, wenn ein Mensch *so* früh stirbt, dass von einer ›Lebensgeschichte‹ kaum noch die Rede sein kann? Im Extremfall: Was soll ›verewigt‹ werden, wenn ein Kind sofort nach der Geburt oder gar schon im Mutterleib gestorben ist? Wenn dieses Kind überhaupt nie in der Lage war, ein bewusstes Leben zu führen, eine personale Beziehung einzugehen, eine Entscheidung für oder gegen Gott zu treffen?

Aber – ist es sicher, dass ein ›Frühchen‹ kein personales Leben führt und keine besonderen Beziehungen hat? Vor kurzem las ich eine bezaubernde Geschichte: ›George. Die Autobiografie eines Engels. Aufgezeichnet von James Jennings‹. Dieses 1994 in den USA erschienene Büchlein erzählt von George, der bei seiner Geburt nur anderthalb Pfund wiegt und auf der Kinderstation noch 21 Tage zu leben hat, bevor er in den Himmel zurückkehrt. Was »Big George« in seinen 21 Erdentagen erlebt, ist intensivste Beziehung. George weiß sich geliebt vom Vater im Himmel. Und er spürt mit Genuss die Berührung durch seine Eltern und andere Bezugspersonen. Vor allem aber hat George den Menschen »von Herz zu Herz« eine Botschaft zu vermitteln: dass der einzige Sinn unseres

Daseins die Liebe ist – die Liebe, die wir verschenken und die uns geschenkt wird.

Wer meint, das kurze Erdenleben eines Winzlings wie George sei sinnlos und unerfüllt, der lese die Aufzeichnungen von James Jennings. Und er achte auf den kleinen »Big George«, der den Erwachsenen – in wundervoller Weise – zu verstehen gibt, dass das Leben mit dem Sterben nicht endet und »wir alle dereinst im Himmel vereint sein werden, im vollen Bewusstsein unseres früheren Menschseins«[175].

5. Die unvergängliche Melodie

Manchen Lesern mag Jennings' Bericht als Ausdruck eines naiven Kinderglaubens erscheinen. Mir aber gefällt dieses Buch in den zentralen Aussagen sehr gut – nicht zuletzt wegen der humoristischen Stilmittel. Dennoch wird die Frage erlaubt sein: Wie lässt sich der Glaube an eine durch Gottes Schöpferkraft bewirkte Vollendung der Kinder-Biographien – und selbst noch der abgebrochenen Kleinstkind-Viten – theologisch begründen?

Plausibel scheinen mir die Antworten, die der Religionsphilosoph Eugen Biser 2003 in einem Interview zum Thema ›Zeit und Ewigkeit‹ gegeben hat. Von der Moderatorin wurde Biser gefragt:[176] »Erleben Sie im Zentrum der Person so etwas wie ein unvergängliches Selbst, eine eigene, unvergängliche Melodie, die ihre charakteristische Färbung durch das je individuelle Leben erhält?«

Eugen Biser, der katholische Priester, bejahte diese Frage ohne Vorbehalt. Im weiteren wollte die Interviewerin wissen: Was aber wird aus einem Menschen, der sich nicht entwickeln konnte, weil er zu früh gestorben ist? Der 85-jährige Theologe gab zur Antwort:

Auch ein (...) im Frühstadium stecken gebliebener Mensch hat in der Sicht Gottes einen unschätzbaren Wert. (...) Das, was uns [im Tode] bevorsteht, ist ein synergetisches Zusammenwirken von göttlichem und menschlichem Bewusstsein. Wir werden gedacht. Wir sind dann nicht mehr die Aktiven, nicht mehr die für unseren Sinn und unser Sein entscheidenden Subjekte; vielmehr sind wir einbezogen in einen größeren Bewusstseinszusammenhang. Und da spielt es letztlich keine Rolle, ob einer ein Genie gewesen ist oder ob er im embryonalen Zustand stecken geblieben ist. Denn das, was dann bevorsteht, ist von einer so unvergleichlich größeren Bedeutung, dass alles, was in diesem Leben getan, geleistet und aufgebaut werden kann, zu einer Marginalie verblasst.

»Wie soll dann«, wurde Biser gefragt, »ein nicht weiterentwickelter Fötus seine eigene Melodie einbringen in dieses Ganze, in dieses synergetische Ganze?« Daraufhin Eugen Biser:

Es mag sein, dass ihm diese Melodie zugeeignet wird. Das ist ja auch bei uns der Fall. (...) Das Entscheidende ist das, was ihm gegeben wird, nicht das, was er einbringt. Seinerseits ist eigentlich nur die Rezeptivität wichtig. (...) Er muss sich gestalten lassen wollen. Wenn das gegeben ist, dann können wir getrost auf den vertrauen, der das in die Hand nimmt und das, was bei uns unvollständig ist – und alles Menschliche ist unvollständig –, zur Vollendung führt.

Wenn Biser die menschliche Kreativität, unsere eigene Leistung – angesichts der kommenden Welt – als bloße »Marginalie« bezeichnet, so mag diese Formulierung überspitzt sein. Darin aber hat er sicherlich Recht: Entscheidend ist das, was Gott aus den Fragmenten unseres Daseins am Ende *macht*. Ob wir als (womöglich ungeborene) Kinder sterben oder als Erwachsene, die Vollendung liegt nicht in unserer Hand. Sie ist immer Gottes *Geschenk*.

Was also wird aus mir, wenn ich tot bin? Ich muss es Gott überlassen. Im Vertrauen auf Gott aber darf ich mir sicher sein: Meine besondere Vita, meine Individualität, die Melodie meines eigenen Herzens wird hineingerettet ins ewige Leben. Zur Melodie meines Herzens aber gehören – essentiell – auch die Menschen, die ich liebe und von denen ich geliebt werde. Also werden auch sie mit hineingenommen in *meine* persönliche Ewigkeit.

Und die Menschen, die ich vernachlässigt habe? Die Menschen, an denen ich schuldig wurde? Auch mit ihnen werde ich – in einer Weise, die ich mir jetzt nicht vorstellen kann – im Reich Gottes verbunden sein.

Als Glaubende
gehen wir unseren Weg,
nicht als Schauende.
2 Korinther 5,7

Kapitel VIII
Zwischen Glaube und Aberglaube

Mitten im Leben, vor allem in den vielfältigen Weisen der Liebe, berühren wir die Ewigkeit Gottes. Die Hoffnung auf eine Bergung der Liebe im Himmel, die Hoffnung auf ein Wiedersehen mit den Verstorbenen ist legitim, sie kommt aus der Tiefe des menschlichen Herzens. Viele Dichter bezeugen überdies: Die vermeintlich Toten stehen mit den Lebenden in einer geheimnisvollen Verbindung. Auch dieser Gedanke war – und ist noch heute – in allen Kulturen bekannt.

Der biblisch begründete Glaube ist allerdings zu unterscheiden von diversen Formen des Aberglaubens. Bei Christen wie Nichtchristen sind okkulte Vorstellungen von Kontaktmöglichkeiten mit den Toten noch immer anzutreffen. Ein grundsätzlicher Hinweis zur Unterscheidung von Aberglauben und christlicher Hoffnung scheint mir deshalb erforderlich.

Konkret gehe ich – nach Ausführungen zu *christlichen* Formen des Kontakts mit Verstorbenen – auf den, noch immer verbreiteten, Spiritismus ein: die Annahme, man könne mit magischen Ritualen die Toten herbeizitieren.

1. Es gibt Dinge zwischen Himmel und Erde ...

Ob es in unser Weltbild passt oder nicht, wir müssen zur Kenntnis nehmen: Kontakte mit Verstorbenen sind ein vielfach und – bis zu einem gewissen Grade – glaubwürdig bezeugtes Phänomen.

Zu allen Zeiten und in allen Kulturen wurden solche Kontakte dokumentiert. Viele Berichte wollen belegen, dass Verstorbene ihren Angehörigen mitteilten, dass es ihnen gut gehe. »Wir sind«, so ein Sterbeforscher, »über unsere Liebe« mit den Toten »verbunden, wo immer sie sich auch aufhalten mögen« (143 f.)[177].

Es scheint im ›Zwischenbereich‹ von Leben und Tod erstaunliche Dinge zu geben. Während der beiden Weltkriege haben sich »Millionen junger Männer, die an den Fronten ums Leben kamen, auf vielfältige Weise bei ihren daheim gebliebenen Angehörigen in ihrer Todesstunde und danach kundgetan«.

Mir selbst ist in lebhafter Erinnerung: Frau B., eine kernig-bodenständige Frau, in deren Haus ich alljährlich die Sommerferien verbrachte, erzählte mir oftmals die folgende Geschichte: Genau zu der Stunde, als ihren Sohn H. in Russland die Granatsplitter trafen, habe sie im Traum ein Zeichen bekommen, das ihr die Gewissheit gab: Er ist tot. Für mich steht fest: Das Erlebnis dieser Frau war keine Selbsttäuschung.

Bekannt sind Phänomene wie das Stehenbleiben von Uhren oder das Herabfallen von Bildern exakt zum Zeitpunkt des Todes von Angehörigen oder Freunden. Am häufigsten erscheinen die Toten im Traum:

> Begegnungen mit Verstorbenen im Traum unterscheiden sich in ihrer Intensität (…) sehr stark von anderen Träumen. Die Verstorbenen (…) sehen aus wie in ihren besten Jahren und sind heil und ganz, auch bei vorangegangenen Verstümmelungen oder Behinderungen.[178]

Solche Träume und solche parapsychologischen Phänomene sind in ihrer Faktizität nicht zu bestreiten. Naturwissenschaftlich sind sie nur unzureichend erklärbar. Ich finde diese Dinge interessant und halte eine Beschäftigung mit ihnen für sinnvoll. Ablehnend aber bin ich eingestellt, wenn über andere Menschen – über ›Medien‹ – versucht wird, Kontakte mit Verstorbenen, gewissermaßen auf Kommando, zu *arrangieren*. Nicht folgen kann ich, wenn z. B. Bernhard Jakoby erklärt: »Medien können Kontakte zu Verstorbenen herstellen.« Hier wird m. E. die Grenze zum Aberglauben überschritten. Der Glaube an die göttliche Liebe, die Lebende und Verstorbene miteinander verbindet, ist deutlich zu unterscheiden von okkulten Manipulationen, die den Verkehr mit Verstorbenen der menschlichen Verfügbarkeit unterstellen. Worin ich konkret diesen Unterschied sehe, möchte ich im Folgenden veranschaulichen.

2. »Geliebte, wenn mein Geist geschieden«

Besonders in der katholischen Volksfrömmigkeit ist das Gebet für die ›armen Seelen im Fegfeuer‹ verbreitet: Die Lebenden setzen sich ein für die Abgeschiedenen. Aber auch in umgekehrter Richtung ist der Glaube an eine Verbindung von Lebenden und Toten in der kirchlichen Tradition verankert. Viele Katholiken sind der festen Überzeugung: Die Verstorbenen, vorzugsweise die Heiligen, helfen den Lebenden.

»Die Heiligenverehrung«, schreibt Anselm Grün, gibt Antwort »auf die Ahnungen der menschlichen Seele, dass wir mit den Verstorbenen in irgendeiner Weise verbunden sind, dass auch die Toten, die wir gekannt haben, nun bei Gott sind und uns von Gott her hilfreich begleiten und für uns Fürsprecher bei Gott sein können.«[179] Nach meiner eigenen Erfahrung bewährt es sich gut, die Verstorbenen anzurufen, die ich persönlich gekannt habe und die mir zu Lebzeiten vertraut waren.

Mit dieser Erfahrung stehe ich nicht allein. Unzählige Menschen haben mir versichert: Die verstorbenen Angehörigen seien ihre ›Nothelfer‹ im Himmel. Derartige Aussagen *können* einen pathologischen Hintergrund haben, müssen es aber nicht. In der Regel sind es psychisch gesunde Menschen, die von der Nähe ihrer Verstorbenen überzeugt sind. In der großen Mehrzahl der Fälle hilft der Glaube an den Beistand der ›Toten‹ zu einem besseren, vertrauensvolleren, gesünderen Leben im Hier und Jetzt.

Wenn ein Psychiatriepatient berichtet, er habe Kontakte z. B. mit seiner verstorbenen Ehefrau, dann sehe ich diesen Glauben nicht von vorneherein als etwas Krankhaftes an, sondern als eine Ressource, die den Heilungsprozess des Patienten voranbringen kann. Ich knüpfe als Seelsorger an diesen Glauben an und versuche ihn zu vertiefen.

Zu den Impuls-Texten, die ich bei Therapiegesprächen verwende, gehört das folgende, mit ›Letzte Worte‹ überschriebene Gedicht:

Geliebte, wenn mein Geist geschieden,
So weint mir keine Träne nach;
Denn, wo ich weile, dort ist Frieden,
Dort leuchtet mir ein ew'ger Tag!

Wo aller Erdengram verschwunden,
Soll euer Bild mir nicht vergehn,
Und Linderung für eure Wunden,
Für euern Schmerz will ich erflehn.

Weht nächtlich seine Seraphsflügel
Der Friede übers Weltenreich,
So denkt nicht mehr an meinen Hügel,
Denn von den Sternen grüß' ich euch!

Das Gedicht wird Annette von Droste-Hülshoff zugeschrieben. Die katholische Autorin behandelt das Thema ›Tod‹ oftmals in ihren Werken. Gleichwohl könnte es sein, dass nicht Annette, sondern deren Nichte Elisabeth von Droste-Hülshoff das Gedicht verfasst hat.[180] In jedem Fall bringen die Verse zum Ausdruck, was viele glauben: Die Verstorbenen sind uns nahe und treten für uns ein vor dem Angesicht Gottes.

3. Die Lebenden und die Toten

Eine segensreiche Gemeinschaft der Toten mit den Hinterbliebenen gehört zum katholischen Glaubensgut. Der Gedanke einer Liebesverbindung von ›Diesseits‹ und ›Jenseits‹ findet sich zum Teil aber auch bei evangelischen Autoren, etwa in den Kindertotenliedern Paul Gerhardts oder in den Romanen Karl Mays (der neben Trivialem auch literarisch Wertvolles geschaffen hat).

Auch in Goethes Frühwerk ›Die Leiden des jungen Werthers‹ (1774) macht sich die Romanheldin Lotte Gedanken über eine Anteilnahme der Verstorbenen am Schicksal der Lebenden:

> Und ob die lieben Abgeschiednen von uns wissen, (…) ob sie fühlen, wann's uns wohl geht, daß wir mit warmer Liebe uns ihrer erinnern? O die Gestalt meiner Mutter schwebt immer um mich, wenn ich so am stillen Abend, unter ihren Kindern, unter meinen Kindern sitze (…).[181]

Zu diesem Motiv – Verstorbene, die die Lebenden ›umschweben‹ – gibt es im Schrifttum Karl Mays interessante Parallelen. Im Roman ›Und Friede auf Erden!‹ (1904) z. B. kommt dem Hereinwirken der verstorbenen Vorfahren in die Welt der Nachkommen eine auffällig große Bedeutung zu.

Die Überzeugung, es könne eine tiefe Verbindung der Lebenden mit den Verstorbenen geben, spiegelt sich im Gesamtwerk Mays. Zugleich wird dieser Glaube durch den Autor von verschiedenen Formen des Aberglaubens sehr deutlich unterschieden.

Gleichwohl: Einen geheimnisvollen Zusammenhang zwischen dem Diesseits und dem Jenseits nahm May durchaus an. Diesseits und Jenseits sind für May keine schlechthin getrennten Welten. Bezeichnend für eine solche Einstellung sind – in der Erzählung »Weihnacht!« (1897) – die Worte Frau Hillers an den Ich-Erzähler:

»(…) lassen Sie mir diesen wohlthuenden Glauben, daß mein Vater von Gott die Erlaubnis hat, unsichtbar bei mir zu weilen, um mich zu leiten (…)! Wenn Gott seine Engel sendet, die uns zu beschützen haben, können wohl auch unsere Abgeschiedenen (…) solche Engel sein! Während die Heerscharen des Himmels seinen Thron umschweben, (…) steigen die Geister unserer Lieben auf und ab, um seine Befehle auszurichten und uns in ihren Schutz und ihre Hut zu nehmen. Ich möchte nicht um alles diese Ueberzeugung missen, die mir im Leiden Kraft gewährt, mich in der Einsamkeit tröstet und mir die frohe Hoffnung bietet, daß ich meinen Sohn mit meinem Tode nicht verlassen werde.«[182]

Frau Hillers Glaube, dass die Verstorbenen uns beschützen, ja sogar die Weisungen des Himmels an uns weiterleiten, wird durch das erzählende Ich bestätigt: »Es liegt mir fern, Ihnen einen Glauben zu nehmen, der Sie glücklich macht, weil er eine Konsequenz Ihrer Kindes- und Ihrer Mutterliebe ist.«

Und in ›Old Surehand III‹ (1896) hat der Autor bzw. der Ich-Erzähler sogar erklärt:

Mag man mich immerhin auslachen; (…) aber indem ich hier an meinem Tische sitze und diese Zeilen niederschreibe, bin ich vollständig überzeugt, daß meine Unsichtbaren mich umschweben und mir, schriftstellerisch ausgedrückt, die Feder in die Tinte tauchen.[183]

May war überzeugt, dass seine »Unsichtbaren« (die Engel Gottes, aber auch die »Geister« seiner ihm nahestehenden

Verstorbenen) ihn »umschweben«, ihn schützen und inspirieren würden.

4. Abergläubische Praktiken

Der Glaube an ein jenseitiges Fortleben der Individuen gehört zum Fundament der christlichen Hoffnung. Auch der Glaube an die Möglichkeit einer realen – experimentell freilich nicht überprüfbaren – Kommunikation der Lebenden mit den Toten ist in der kirchlichen Tradition, zumindest der katholischen, tief verwurzelt.

Der volkstümliche *Spiritismus* indessen geht wesentlich weiter: In Seancen, in spiritistischen Sitzungen, werden durch mechanische Praktiken die ›Geister‹ bestimmter Verstorbener herbeizitiert und, mit Hilfe eines ›Mediums‹, zu Auskünften über jenseitige Zustände oder auch zu präzisen Handlungsanweisungen in irdischen Dingen provoziert.

Geisterbeschwörungen gab es wohl immer schon. Die moderne spiritistische Bewegung geht, so wird vermutet, auf die amerikanischen Schwestern Margaret und Kate Fox zurück. Sie behaupteten, 1848, sie hätten Kontakt zum Geist eines ermordeten Hausierers. Sehr rasch verbreitete sich die Spiritismuswelle auch in Europa, wo der französische Arzt Allan Kardec eine auf dem Spiritismus basierende Religionsgemeinschaft gründete.

In Deutschland zählten gegen Ende des 19. Jahrhunderts einige Regionen zu den Hochburgen des proletarisch geprägten Spiritismus.[184] Innerhalb dessen lassen sich wiederum verschiedene Tendenzen unterscheiden, unter anderem der ›Andachtsspiritismus‹ pietistisch orientierter Protestanten (die sich zu Gebetssitzungen trafen, bei denen das ›Medium‹ das Wort Gottes verkündete) und – im scharfen Kontrast – der gesellige ›Unterhaltungsspiritismus‹ mit derb humoristischem Einschlag.

Der Historiker Diethard Sawicki erläutert, gestützt auf reichhaltiges Aktenmaterial, Veranstaltungen dieser Art: »Der Spiritismus war häufig eine heitere, extrovertierte Praxis, die den Alltag auf magische Weise entgrenzen konnte.« Als schlagendes Beispiel für den Unterhaltungsspiritismus zitiert Sawicki die Sitzungsberichte aus einem Zwickauer Privatzirkel:

> An der Weihnachtsfeier nahmen die »geistigen Freunde« aus dem Jenseits ganz selbstverständlich teil, indem sie sich durch die Anwesenden manifestierten. Die Geister meldeten sich mit Scherzworten (…). Hermann, eines der Medien, verfiel während des Menüs auf dem Sofa in Trance und gab Äußerungen des »geistigen Freundes« Gabriel B. von sich, der herzhaft mit seinen noch lebenden Kameraden feierte.

Durch okkulte Techniken wird in spiritistischen Zirkeln noch heute der Eindruck erweckt, die ›Geister‹ der Toten würden alle möglichen Fragen über die Zustände im Jenseits beantworten. Von den christlichen Kirchen wurden und werden solche Manipulationen strikt abgelehnt: als Aberglaube, als menschliches Hineinpfuschen in die Unverfügbarkeit Gottes.

5. Ohne Furcht und Zittern

Geisterbeschwörungen sind eine uralte, wohl zu allen Zeiten bekannte Praxis. In der zweiten Hälfte des 19. Jahrhunderts war die eher komische Seite, die unterhaltende Funktion spiritistischer Sitzungen dominant. Das mag zum Teil noch heute so sein. Einfach nur harmlos und ungefährlich, wie manche andere Formen des Aberglaubens, ist der Spiritismus aber keineswegs. Wir müssen davon ausgehen: Der suggestiven

Atmosphäre einer Geisterbeschwörung können sich naive oder ich-schwache Teilnehmer kaum entziehen. Es könnte zu psychischen Störungen kommen, da die ›Geister‹ oft schlimme Ereignisse vorhersagen oder verhängnisvolle, gegen bestimmte Personen gerichtete Befehle erteilen.[185]

Populär sind noch heute diverse Praktiken wie Tischerücken oder Pendeln. Das Hauptverbreitungsgebiet des Spiritismus ist mittlerweile Brasilien. Dort ist der Spiritismus eine staatlich anerkannte Religion, deren Anhängerschaft nach Millionen zählt. Doch auch in Deutschland ist die spiritistische Art des – vermeintlichen – Kontakts mit den Toten nicht völlig aus der Mode gekommen. Nach wie vor behaupten viele ›Medien‹, sie seien das Sprachrohr von Verstorbenen oder Engeln oder sonstigen übernatürlichen Wesenheiten. Sie sagen, sie hätten einen »Kanal« zu diesen Geistern und könnten deren Botschaften wörtlich übermitteln. In den 1970er Jahren etablierte sich für derartige Phänomene in der amerikanischen New-Age-Bewegung der Begriff ›Channeling‹, der in den 1980er Jahren auch im deutschsprachigen Raum bekannt wurde.

Laut einer Allensbach-Umfrage aus dem Jahr 2002 glauben in Deutschland immerhin zehn Prozent der Bevölkerung an die Möglichkeit von Geisterbeschwörungen. Als Gemeindepfarrer sind mir Gottesdienstbesucher – labile Frauen und Männer – begegnet, die nach der Erlaubtheit von ›Channeling‹, also von spiritistischen Praktiken, fragten. Ich hielt das immer für suspekt. In meiner jetzigen Tätigkeit als Seelsorger in der Psychiatrie finde ich es bestätigt: Die oft angstbesetzte spiritistische Kontaktsuche mit Verstorbenen kann zur psychischen Krankheit führen oder das äußere Symptom einer schon vorhandenen psychotischen Erkrankung sein. Meine Aufgabe als Seelsorger ist es dann, von der abergläubischen Neugier abzulenken bzw. bestimmten Ängsten auf den Grund zu gehen. Vielleicht findet sich ein Weg, die *eigentliche* Sehnsucht des Patienten aufzudecken: die Sehnsucht nach einer positiven, angstfreien Verbindung mit geliebten Verstorbenen. In jedem Fall werde ich versuchen, über das Glaubensgespräch einen Zugang zur Frohen Botschaft zu vermitteln: Unsere Verstorbenen sind im Frieden, sie sind geborgen in Gott. Von dorther begleiten und schützen sie uns.

Wenn wir an Gottes Liebe glauben, brauchen wir auch keine Angst vor den Toten zu haben. Es kommt ja vor, dass Menschen sich vor ihren Verstorbenen fürchten, weil sie ihnen, vermeintlich oder wirklich, etwas schuldig geblieben sind. Mit Ottmar Fuchs teile ich die Auffassung: »In der Liebe Gottes haben die Verstorbenen ein noch größeres Herz, als sie es schon hier hatten. Sie haben die Versöhnung Gottes erfahren, auch als Versöhnung mit sich selbst«[186] und mit allen Bezugspersonen, die ihnen auf Erden nicht gerecht wurden.

Anselm Grün drückt denselben Gedanken so aus:

> Wir dürfen darauf vertrauen, dass die Verstorbenen in Gott den Frieden mit sich und die Versöhnung mit ihrer eigenen brüchigen Geschichte gefunden haben. Und als Versöhnte werden sie uns keine Vorwürfe machen, wenn wir an ihnen schuldig geworden sind.[187]

Die Verstorbenen sind also nicht unsere Ankläger, sondern unsere Fürsprecher bei Gott. Die Macht, uns beizustehen, haben sie allerdings nicht aus sich selbst, nicht in eigener Instanz, sondern aufgrund der göttlichen Gnade. Anselm Grün schreibt:

> Sie sind in Gott. In ihnen ist ein Teil von uns schon bei Gott. Und so bitten wir, dass sie bei Gott dafür eintreten, dass Gott uns etwas von ihrer Kraft und ihrer Weisheit schenken möge, damit wir ähnlich wie sie das Leben heute meistern.

Wir verlieren nicht,
sondern gewinnen beständig.
Karl Rahner

Kapitel IX
Jenseitshoffnung und moderne Theologie

Da ich selbst Theologe bin, liegen mir die Aussagen von christlich denkenden, an der Bibel orientierten, um intellektuelle Redlichkeit bemühten Theologen grundsätzlich näher als die Esoterik und die magische Szene. Von Gespensterangst und spiritistischen Geisterbeschwörungen halte ich nichts. Sofern es sich nicht um bewusste Betrügereien handelt, sind solche Praktiken aus theologischer Sicht eine Selbsttäuschung. Unsere Toten sind hineingestorben in die Unverfügbarkeit Gottes. Wir können sie also nicht zurückrufen in unsere Welt. Wir können nicht eigenmächtig Kontakte mit Verstorbenen herstellen und irgendwelche Auskünfte aus dem Jenseits einholen. Aber wir können im Gebet, in der Herzensverbindung mit Gott, auch unseren Toten real begegnen: indem wir ihnen Gedanken der Liebe zusenden und uns, umgekehrt, von *ihrer* Liebe begleitet und getragen wissen. Auch dürfen wir im Glauben überzeugt sein: Wenn wir selbst einmal gestorben sind, werden wir in neuer Form mit denen, die uns im Tode vorausgegangen sind, vereinigt werden.

Dabei setze ich voraus: Weil Gott, der Ursprung des Lebens, ein personales Du ist, gibt es eine personale Auferstehung des *individuellen* Menschen in die Schöpferhand Gottes hinein. Folglich stimme ich dem Theologen Gottfried Bachl ohne weiteres zu, der provozierend erklärt: »Wenn Gott keine individuelle Unsterblichkeit schenkt, ist es gleichgültig, ob es ihn gibt oder nicht, es ist sogar besser, dass er dann nicht existiert.«[188]

Da es mir um die Einmaligkeit des irdischen Lebens bzw. um die endgültige Rettung dieses Lebens im Reich Gottes geht, liegt mir die Reinkarnationslehre – auf die ich noch zu sprechen komme – genauso fern wie der Spiritismus. Ich will eben *nicht* ins raum-zeitliche Leben zurückkehren, sondern nach dem Tod für immer bei Gott sein – und bei den Menschen, die ich liebe.

In Gottes Ewigkeit möchte ich die Menschen wiederfinden, deren Nähe mir auf Erden zur Kostbarkeit geworden ist. Mit ›wiederfinden‹ meine ich: sich wiedererkennen, miteinander kommunizieren in einer Intensität, die alles übertrifft, was uns an irdischer Gemeinschaft bekannt ist.

Mit solchen Wünschen fühle ich mich nicht alleingelassen. Wie aber bewerten moderne Theologen den Glauben an ein individuelles Weiterleben nach dem Tod? Und an eine Wiedervereinigung mit persönlichen Freunden im Himmel?

1. Der Tod – die Auflösung des Ich-Bewusstseins?

Zu den wirkmächtigsten Theologen des 20. Jahrhunderts zählt der evangelische Pastor Dietrich Bonhoeffer. Die Lust am Diesseits und die Sehnsucht nach der Ewigkeit gehören für ihn zusammen: Einerseits proklamierte er die radikale Diesseitigkeit des Christentums in einer mündigen Welt, die so lebt, als ob es Gott nicht gäbe. Andererseits gründeten Bonhoeffers Diesseitsoptimismus und seine auch im

Schlimmsten ungebrochene Lebenskraft allein in der Hoffnung auf Gottes Nähe.

So verwundert es nicht: Die freundschaftliche Beziehung der Lebenden zu ihren Verstorbenen und deren künftige »Wiederbringung« durch Christus[189] gehören zu den zentralen Themen Bonhoeffers, der nicht nur akademischer Theologe war, sondern ebenso ein tief frommer Seelsorger, der wie kaum ein anderer die Leidenden zu trösten vermochte. »Das ist das Ende – für mich der Beginn des Lebens« ist das letzte uns bekannte Wort des Gefangenen, ausgesprochen vor seiner Ermordung durch die Nazis. Was er gewesen ist, steht auf der Gedenktafel in Flossenbürg: Dietrich Bonhoeffer, ein Zeuge Jesu Christi unter seinen Brüdern.

Bezeichnend für Bonhoeffers Einstellung ist ein Brief aus dem Jahre 1928. Der soeben zum Doktor promovierte Autor berichtet von einem zehnjährigen Jungen, der um seinen »Herrn Wolf«, seinen Schäferhund, trauerte. »Sagen Sie mir doch jetzt, werde ich den Herrn Wolf mal wieder sehen? Der ist doch ganz gewiss im Himmel?«, fragte der kleine Junge den Wissenschaftler:

> Da stand ich da und sollte antworten: ja oder nein (…). Da sagte ich ihm denn kurzentschlossen: »Sieh mal, Gott hat den Menschen gemacht und auch die Tiere, und hat die Tiere gewiss auch lieb; und ich glaube, es ist bei Gott so, dass alles, was sich lieb gehabt hat auf der Erde, (…) bei Gott zusammenbleibt, denn lieb haben ist ein Stück von Gott; wie das geschieht, das wissen wir freilich nicht.«[190]

Bonhoeffers Jenseitshoffnung ist heute freilich, auch in theologischen Kreisen, nicht gänzlich unangefochten. Denn von einigen Theologen wird der Glaube an ein individuelles Fortleben nach dem Tod – und damit natürlich der Glaube an ein Wiedersehen mit bestimmten Menschen oder gar Tieren – schlichtweg verworfen. Gott erbaue, so wird gesagt, sein Reich innerhalb der irdischen Geschichte. An der Realisierung dieses Gottesreiches *auf Erden* habe der sterbliche Mensch seinen Anteil. Nach dem Tod aber werde die individuelle Persönlichkeit sich auflösen wie der Tropfen in der Weite des Meeres.

Auf evangelischer Seite vertrat solche Meinungen die (im Übrigen von mir hoch geschätzte) Theologin und Mystikerin Dorothee Sölle. Sie schrieb 1995 in ihren ›Erinnerungen‹:

> Die individuelle geistige, seelische und körperliche Existenz endet mit dem Tod. Das ist kein Gedanke, der mir Schrecken einflößt, daß ich ein Teil der Natur bin, daß ich wie ein Blatt herunterfalle und vermodere, und dann wächst der Baum weiter, (…) und ich bin ein Teil dieses Ganzen.[191]

Im Prinzip nicht anders denkt auf katholischer Seite – von der amtlichen Kirche freilich missbilligt – der Benediktiner und Zen-Meister Willigis Jäger in viel gelesenen Schriften wie ›Die Welle ist das Meer‹ (2007).

Der evangelische Theologe Werner Thiede, der sich von einer Mystik der »Ich-Auflösung« sehr deutlich distanziert, merkt zu Jäger kritisch an: Das »Gegenüber von Schöpfer und Schöpfung« – und somit die dialogische, in der Treue Gottes gründende Unsterblichkeit des Menschen – wird »in einem letzten Sinn bestritten«.[192] Jedenfalls müssen wir feststellen: Für Jäger wie für Sölle ist die individuelle Existenz des Menschen – sein Ich-Bewusstsein, sein persönliches Gedächtnis – mit dem Tod für immer beendet.

Demgegenüber bin ich der Ansicht: Menschliches Leben hat nur dann einen Sinn, wenn es einen *bleibenden* Sinn hat, wenn wir also *mehr* sind als ein Teil der Natur, wenn wir angesprochen und geliebt sind von einem göttlichen Du, das uns im Sterben nicht zurückfallen lässt in die unbewusste Materie.

2. Die ›Seelenwanderung‹ – ein taugliches Hoffnungsmodell?

Wie Bonhoeffer und die Mehrzahl der heutigen Theologen setze ich voraus, dass der Mensch auch jenseits des Todes seinen Namen, seine Identität behält. Ich setze voraus, dass es eine unendliche Liebe gibt, die unser einmaliges Leben aufbewahrt und vollendet.

Weil sie auf den Identitätsverlust des Menschen hinausläuft, weise ich eine verbreitete Auffassung zurück: die Seelenwanderungs- oder Reinkarnationslehre. Ich möchte mich mit dieser Lehre nicht anfreunden, weil sie den Menschen mit seiner konkreten Geschichte, mit seinen personalen Beziehungen nicht ernst nimmt.

Umfragen zufolge sympathisieren in Deutschland etwa zwanzig Prozent der Bevölkerung mit der Wiedergeburtslehre, darunter auch Christen und regelmäßige Kirchgänger. Nun liegt es mir fern, solchen Menschen die Vernunft oder das Christsein abzusprechen. Da ich die Wiedergeburtslehre aber als wenig hilfreich ansehe, möchte ich aus theologischer Sicht zu dieser Lehre Stellung beziehen.

Der Glaube an die Wiederverkörperung der Seele nach dem Tode hat eine ehrwürdige Tradition. In der Antike finden wir diesen Gedanken u. a. bei dem Philosophen Platon und dem Dichter Vergil. Besonders aber in fernöstlichen Religionen begegnet uns die Reinkarnationstheorie. In der neuzeitlich westlichen Welt wurde bzw. wird sie vor allem von Rudolf Steiner und seiner anthroposophischen Schule sowie, fast durchgängig, in der heutigen Esoterik vertreten.

Doch während im Buddhismus und Hinduismus die Geburtenkette wohl eher als Strafe verstanden wird, gilt im Westen die Wiedergeburt geradezu als Heilsbotschaft. Hans Torwesten, ein überzeugter Anhänger der Reinkarnationslehre, erklärt den Grundgedanken dieser Lehre folgendermaßen:

Ist im Menschen etwas potentiell Göttliches angelegt, so muß er sich (...) so lange entwickeln, bis er seine wahre Natur verwirklicht hat (...). Da ein einziges Menschenleben in den meisten Fällen zu kurz ist (...), bedarf es dazu einer Reihe von Leben. In gewisser Weise ergänzt die Lehre von der Seelenwanderung so die Evolutionslehre, sie fügt dieser eine geistige Dimension hinzu: Der Geist umkleidet sich mit immer neuen Hüllen, geht durch immer neue Erfahrungen hindurch, sucht nach immer besseren Ausdrucksmöglichkeiten, bis er schließlich aus allen Hüllen herausgewachsen ist und seine Unendlichkeit erkennt.[193]

Die Wiedergeburtslehre verspricht also die Möglichkeit, in stets neuen Existenzformen zuletzt die Vollkommenheit zu erreichen. Sein ›wahres Selbst‹ gewinnt der Mensch nach dieser Lehre erst im Durchlaufen von mehreren Persönlichkeitsgestalten. Dagegen ist, mit Medard Kehl, zu fragen: »Was hilft es zur Identitätsfindung des Menschen, wenn die früheren Existenzformen der jetzt lebenden Person völlig unbewußt sind?«[194]

3. ›Auferstehung des Leibes‹ – Bergung der personalen Identität

Der Gedanke der Reinkarnation nimmt dem irdischen Leben seine Einmaligkeit, seine entscheidende Bedeutung, seinen bleibenden Wert. Dieses Defizit könnte – so Anselm Grün – des Menschen Entschiedenheit gefährden, »hier und jetzt bewusst zu leben«. Der Tod bzw. das Leben verlöre dabei den eigentlichen Ernst, aber auch »die Chance, sich in Gottes Hände fallen zu lassen. Die Hoffnung, für immer ausruhen zu dürfen und die endgültige Erfüllung der eigenen Sehnsucht zu erfahren, fehlt.«[195]

Die Wiedergeburtslehre verschiebt die Entscheidung und bietet stattdessen die Wiederholung im nächsten Leben an. Und sie führt zur Spaltung der menschlichen Identität in zwei trennbare ›Substanzen‹, nämlich in eine geistig-ewige und eine leiblich-vergängliche Substanz. Wenn sich die ›göttliche Energie‹ in mir immer wieder einen neuen Leib, eine neue Zeit, ein neues Beziehungsnetz sucht, ohne dass die eine ›Verkörperung‹ von der anderen etwas weiß, dann muss – mit Medard Kehl – gefragt werden:

> Ist mein leiblich-geschichtliches Leben, meine persönliche Biographie mit ihren vielen prägenden zwischenmenschlichen Beziehungen (…) so unbedeutsam für mein geistig-ewiges Ich, daß es im Tod wie ein altes Kleid einfach abgelegt und vergessen werden kann?[196]

Die Ablehnung der Reinkarnationslehre durch Kehl entspricht meinem eigenen Denken und Fühlen. Vor allem auch deshalb, weil es mir um die Einmaligkeit, die Unverwechselbarkeit, die Unersetzlichkeit, die Ewigkeitsrelevanz jeder Person und jeder personalen Liebesbeziehung geht. Weil sie teilhat an der Ewigkeit Gottes, ist die menschliche Partner- und Freundesliebe tendenziell endgültig. Sie bleibt zwar *ergänzbar* durch die Begegnung mit anderen Personen, sie ist aber nicht *austauschbar* durch andere (postmortale) Beziehungsgeflechte. In dieselbe Richtung geht die Reinkarnations-Kritik Gisbert Greshakes. Er stellt die entscheidenden Fragen:

> Wen oder was liebe ich eigentlich, wenn ich einen Menschen liebe? Dieses einmalige, leibhaftige Du oder ein in diesem Du sich ›episodenhaft‹ darstellendes Prinzip Mensch ›hinter‹ aller Erfahrbarkeit? Kann letzteres noch Liebe begründen? Gehört zur Liebe nicht gerade die Konkretheit und Einmaligkeit des leibhaftigen Du?[197]

Auch Greshake sieht die bleibende Identität des Menschen durch die Wiedergeburtslehre negiert. Wenn es, die Wiedergeburten vorausgesetzt, dennoch eine personale Identität geben soll, müsste der Mensch ganz grundsätzlich – und nicht nur, wie manche glauben, in Ausnahmefällen – ein Bewusstsein von seinen früheren Existenzen haben. Ich frage mich also: Wenn ich auch Kleopatra oder Mörike gewesen sein kann, wer ist dann ›Ich‹? Ist das ›Ich‹ nur die ›Seele‹, losgelöst von jeder – geschichtlich-konkreten – Form?

Der Leib-Seele-Dualismus, der der Wiedergeburtslehre zugrunde liegt, wertet den Leib – und damit den Menschen in der Vielfalt seiner leibhaftigen Bezüge – prinzipiell ab. Für die *christliche Hoffnung* indessen ist die ›Auferstehung‹ des ›Leibes‹ (der mehr ist als die sichtbare Gestalt unseres Körpers) ein konstitutives Element. Denn der Leib ermöglicht unsere Beziehungen, in denen wir leben, in denen wir lieben und leiden. Das leibliche Dasein prägt »zutiefst unsere innerste persönliche Identität; und darum kann es nicht einfach nach unserem Tod für immer abgestreift und durch einen völlig anderen Leib, ein völlig anderes Lebensgefüge und Beziehungsnetz ersetzt werden«[198].

Der Leib, der die personale Identität mitbegründet, ermöglicht Begegnung. Er ist, so Greshake, das »Medium der Kommunikation. Er ist das, was uns Menschen untereinander und mit der Welt als Ganzer verbindet und wodurch wir in Beziehung miteinander treten.«[199] *Auferstehung* des Leibes aber bedeutet dann: Unsere je einmalige irdische Lebensgeschichte, zusammen mit ihren prägenden Begegnungen, kommt im Sterben endgültig vor Gott – um durch Gottes Liebe geheilt und vollendet zu werden.

Eine Auferstehung individueller Personen in die Unsterblichkeit Gottes hinein ist in der Reinkarnationslehre freilich nicht vorgesehen. In *einem* Punkt jedoch scheint mir die Wiedergeburtslehre ein berechtigtes Anliegen aufzugreifen: Dass wir am Ende unseres irdischen Lebens für den Himmel in der Regel nicht reif sind, ist ein einleuchtender Gedanke. Aber dieses Problem wird in der, recht verstandenen, katholischen ›Fegefeuer‹-Lehre weitaus besser gelöst als in der Wiedergeburtslehre: Nicht in einer Kette von immer neuen Geburten, sondern in der jenseitigen Welt (oder *im* Tode selbst, wenn wir unser Leben in völliger Klarheit erkennen) kommt es zu jener ›Nachreifung‹, die wir vielleicht benötigen, um unser ›wahres Selbst‹, unsere endgültige Identität zu finden. Mit dem ›Fegefeuer‹ ist freilich kein Leidenszustand in zeitlicher Erstreckung gemeint, sondern eine – mehr oder weniger schmerzliche – Selbsterkenntnis der Sterbenden im ›Augenblick‹ des Todes.[200] Jenseits des Todes aber erfreuen sich die Verstorbenen, in moderner theologischer Sicht, der ewigen Seligkeit (es sei denn, sie verweigern sich, in einer letzten Entscheidung, der göttlichen Liebe).

Nach der Reinkarnationslehre ist das letzte Ziel die *Vergöttlichung* des Menschen. So ist unser Leben nach dem Tode »keineswegs ein Endzustand der Entwicklung, sondern ein Durchgang, bis wir irgendwann jenseits materieller Verkörperung angesiedelt sind. Wir sind sozusagen ›Götter in Vorbereitung‹.«[201] Im Gegensatz dazu betont – mit den Worten von Medard Kehl – der christliche Glaube: »Alles, was in der Welt existiert, auch unser innerstes geistiges Selbst, unsere Seele oder unser ›Personkern‹ (…) – alles ist geschaffen, ist (…) nicht göttlich! Darum gibt es einen unendlichen, von uns her nicht zu übersteigenden Abstand zwischen Schöpfer und Geschöpf, zwischen Gott und der Welt. Darum kann ich auch in tausend und abertausend möglichen Wiedergeburten von mir aus nicht göttlich-vollkommen werden.«[202]

4. Das ›Jenseits‹ – eine Fortsetzung des ›Diesseits‹?

In diesem Punkt herrscht in der christlichen Theologie ein Konsens: Gott bleibt Gott; und Gottes Schöpfung, also auch der Mensch, bleibt immer die Schöpfung – mit dem Schöpfer *dialogisch verbunden*, aber niemals mit dem Schöpfer identisch.

Der Theologe Franz-Josef Nocke unterstreicht: Das endgültige Ziel des Subjekts kann nicht darin bestehen, »in einem größeren Ganzen aufzugehen oder mit einem anderen so absolut zu verschmelzen, dass nichts Eigenes mehr bleibt«. Vielmehr sucht die Liebe Beziehungen »größter personaler Nähe bei gleichzeitig größter Eigenständigkeit und Freiheit: Der Liebende bleibt Subjekt und hört nicht auf, sich in Freiheit zu verschenken.«[203]

Wenn ich aber – wie die Wiedergeburtslehrer sagen – zuletzt mit der Gottheit verschmelze und die irdischen Erinnerungen abgestreift werden, dann kann ich meine Identität nicht bewahren. Werde ich posthum noch wissen, wer ich auf Erden gewesen bin? Werde ich bestimmte Menschen im Himmel wiedererkennen? Werden wir einander in Liebe begegnen können? Auf derartige Fragen lässt die Seelenwanderungslehre keine befriedigende Antwort zu.

Vom Gedanken der Reinkarnation führt kaum eine Brücke zur personenzentrierten Jenseitshoffnung. Sehr wohl aber finden wir eine Brücke zur bleibenden, den Tod überwindenden Freundschaft der Menschen, wenn wir die einschlägigen Schriften so maßgeblicher Theologen wie Karl Barth oder Karl Rahner bedenken.

Nach Rahner ist mit dem Tod insofern »zunächst einmal alles aus«[204], als der Tod das Ende unserer Zeitlichkeit, unserer unabgeschlossenen, sich fortsetzenden Geschichte mit sich bringt. Der Tod ist für Rahner keine harmlose Pause: als ob, mit Feuerbach gesprochen, nur die Pferde gewechselt würden und es dann im selben Galopp wieder weiterginge.[205] Rahner wendet sich gegen die Vorstellung, im Himmel sei alles wie auf Erden, nur eben schöner und besser. Er wendet sich aber zugleich gegen die Ansicht, die jenseitige Existenz habe mit dem irdischen Leben überhaupt nichts zu tun. Vielmehr besteht, nach Rahner, zwischen ›Diesseits‹ und ›Jenseits‹ sowohl eine *Kontinuität* als auch eine *Diskontinuität.*

Was heißt das? Den Tod betrachtet Rahner einerseits als radikale Zäsur. Das ›Fortleben‹ nach dem Tod ist in seiner Sicht keine »Weitererstreckung zeitlich hintereinander sich reihender Vollzüge und Erlebnisse«[206]. Andererseits – auf der Kontinuitätslinie – aber sieht er das Todesgeschehen als die *Verewigung*, die ›Verwesentlichung‹ dessen, was auf Erden getan und erlitten wurde. Der Tod also wird als ›Verewigung‹ des Gewesenen interpretiert, als end-gültige Festlegung der irdischen Existenz in die Ewigkeit Gottes hinein. Die dynamische, alles durchdringende, alles erneuernde Begegnung mit Gott im Moment des Todes bedeutet für ihn einerseits den *Ausstieg aus der uns geläufigen Zeit* und andererseits den Eintritt in die ganz andere Dimension Gottes.

5. Die »Essenz« des Lebens – bewahrt in der Ewigkeit

Die – dem Gedanken der Reinkarnation widersprechende – Auffassung Rahners, dass es nach dem Tod für die Verstorbenen *keine Zeit* mehr gibt, ist in der christlichen Theologie der Gegenwart zum Allgemeingut geworden. Sie wird zumindest im deutschen Sprachraum von den meisten, katholischen wie protestantischen, Fachtheologen vertreten.

Schon während des ganzen Lebens, endgültig aber im Tode begegnen wir Gott. Die Gottheit aber ist ein Mysterium und, wie es im fünften Buch Mose heißt, »ein verzehrendes Feuer« (Dtn 4,24). Sterbend verlieren wir vieles von dem, was uns auf Erden sehr wichtig war. Provozierend meinte Rahner, wenige Wochen vor seinem Tod:

> Man denkt sich das Ewige Leben (...) zu sehr ausstaffiert mit Wirklichkeiten, die uns hier vertraut sind (...). Ich fürchte, die radikale Unbegreiflichkeit dessen, was mit Ewigem Leben wirklich gemeint ist, wird verharmlost und was wir unmittelbare Gottesschau in diesem Ewigen Leben nennen, wird herabgestuft zu einer erfreulichen Beschäftigung neben anderen, die dieses Leben erfüllen; die unsagbare Ungeheuerlichkeit, daß die absolute Gottheit selber nackt und bloß in unsere enge Kreatürlichkeit hineinstürzt, wird nicht echt wahrgenommen.[207]

Das sind gewichtige Worte! Von der künftigen Theologie forderte Rahner ein besseres Vorstellungsmodell für das Ewige Leben, eine Rede von den ›Letzten Dingen‹, die Verharmlosungen von vorneherein ausschließt. Und den obigen Worten fügte er verstärkend hinzu: »Wenn die Engel des Todes all den nichtigen Müll, den wir unsere Geschichte nennen, aus den Räumen unseres Geistes hinausgeschafft haben«, dann wird nur mehr »die wahre Essenz« unseres Lebens den Tod überdauern.

Wir sehen: Im Vergleich zu den Ausmalungen barocker Künstler wirkt Rahners Jenseitsbild ziemlich abstrakt. Denn Rahner sagt lediglich: Unsere Zeit wird verwandelt in Ewigkeit. Anders gesagt: Was an der Bruchstelle des Todes gerettet wird, ist der geläuterte, vom Licht der göttlichen Gegenwart erfüllte Personkern. Was den Menschen dann für immer beseligt, ist das Urgeheimnis der Gottheit, die in Christus freilich, wie Rahner betont, ein menschliches Antlitz gewonnen hat.

Der Bibelübersetzer Fridolin Stier vermisste nun aber bei Rahner eine klare Aussage, dass die »wahre Essenz« der Person, die den Tod überdauert, auch die *Wiedervereinigung mit geliebten Menschen* mit einschließen werde. Dazu der Religionswissenschaftler Bernhard Lang:

> (...) ein geliebter Mensch gehört so sehr zu meinem Ich, meint Stier, dass das den Tod überlebende Ich gar nicht ohne ein soziales Miteinander gedacht werden kann. »Aber das braucht man just dem Rahner nicht weiszumachen, nur hätt' ich es gern von ihm hören mögen.« (...) Bezeichnenderweise meint Stier, letztlich würde ja auch Rahner an ein menschliches Miteinander nach dem Tode glauben, gehöre doch das Miteinander zum Wesen des Menschen.[208]

6. Menschliche Beziehungen – von bleibender Bedeutung

Um Fridolin Stier noch besser zu verstehen, muss man wissen: Er betrauerte den plötzlichen Tod seiner Tochter Sibylle und hatte die Sehnsucht, ihr im Himmel wiederzubegegnen. Ich bin mir sicher: Rahner hätte seinem Kollegen nicht widersprochen. In Rahners ›Schriften zur Theologie‹ heißt es ja:

> Wir verlieren nicht, sondern gewinnen beständig. (...) Das Leben versammelt sich immer mehr, je mehr scheinbar Vergangenheit hinter uns liegt. (...) Und wenn wir ankommen, finden wir unser ganzes Leben und alle seine eigentlichen Möglichkeiten, (...) die uns gegeben waren. (...) Aus der Zeit wird unsere Ewigkeit gezeitigt als die Frucht, in der (...) alles bewahrt ist, was wir in dieser Zeit waren und wurden.[209]

Wenn wir in der Ewigkeit »unser ganzes Leben« wiederfinden, dann ist damit implizite doch gesagt: Auch die zwischenmenschlichen Beziehungen, die interpersonalen Begegnungen, sind bewahrt in Gottes Ewigkeit. Bemerkenswert deutlich, und durchaus im Sinne Karl Rahners, erklärt Franz-Josef Nocke:

Zur christlich erhofften Vollendung gehört die Vollendung der in diesem Leben begonnenen Beziehungen. Die in diesem Leben aufgebauten Beziehungen sollen nicht durch den Tod überholt, sondern *durch die Auferstehung gerade in Kraft gesetzt* werden. Deshalb ist (...) *jede konkrete Beziehung von einmaliger und ewiger Bedeutung.* In zeitlich begrenzten Begegnungen wächst das ewige Leben heran.[210]

Die Momente zutiefst erfahrener Freundschaft und Liebe also werden im Himmel verewigt und bleibend erfüllt. Denn der Himmel ist zwar das absolut Überraschende. Aber er ist keine *schlechthin* andere Wirklichkeit, die erst nach dem Tode beginnt. Nein, das Reich Gottes ist schon »mitten unter uns« (vgl. Lk 17,21). Man darf also sagen: Schon jetzt, wo Menschen einander in Liebe zugetan sind, baut sich der Himmel auf. Demnach finden die auf Erden geknüpften personalen Beziehungen durch die ›Auferstehung des Leibes‹ ihre Bestätigung und ihre Vollendung. Dass auch Rahner dies annahm, ist nicht zu bezweifeln. Denn der Jesuit, den bis zum Lebensende eine große Freundschaft mit der Schriftstellerin Luise Rinser verband, hat sich in privaten Äußerungen sehr Konkretes und sehr Persönliches gewünscht: nämlich ein Wiedersehen mit Luise Rinser im Himmel! Und er hatte ihr versprochen, dass er nach seinem Tode in neuer Weise mit ihr in Verbindung treten werde: »Was weinst? Wenn ich drüben bin, geht alles viel leichter. Ruf mich, und ich komm.«[211] Ein existenziell Betroffener war also auch Rahner!

7. Das jetzige Leben – mit anderen Augen gesehen

Der kleine Junge in Bonhoeffers Erzählung wollte nicht in den Himmel kommen ohne seinen »Herrn Wolf«, Fridolin Stier nicht ohne seine Tochter Sibylle, Karl Rahner nicht ohne seine Freundin Luise Rinser. Das gemeinsame Fundament für diese Jenseitshoffnungen ist das Vertrauen auf Gottes Liebe, die – mit Rahner gesprochen – die »wahre Essenz« unserer je einmaligen Lebensgeschichte vollendet.

Im Kern sehr ähnlich wie Rahner dachte der evangelische Theologe Karl Barth. Für ihn ist das ewige Leben »nicht ein in irgendeine unendliche Zukunft hinein fortgesetztes und in dieser Zukunft irgendwie verändertes Leben«;[212] vielmehr ist die Ewigkeit die *aus* der Zeit gewordene Bergung des Menschen in Gott, der uns als die, die wir jetzt in unserer Zeit sind, bei sich gut bewahrt.

Der Mensch, der gestorben ist, behält nach Barth seine Vergangenheit. Freilich wird unsere Lebensgeschichte – in der Sicht Barths wie Rahners – nicht nur aufbewahrt, sondern im göttlichen Licht auch *erhellt* und *verklärt*: Wir werden unser Leben erkennen »in seiner uns jetzt und hier verborgenen Kehrseite, so wie Gott es sieht«[213]. Barth führt dazu aus:

> Ich habe öfters versucht, mir das auf folgende Weise vorzustellen: Unser Leben ist unter einer Decke verborgen. Diese Decke – das sind die gegenwärtigen Zeiten. In der Auferstehung wird diese Decke weggezogen, und unser ganzes Leben von der Wiege bis zum Grabe wird in der Klarheit geschaut, in seiner Einheit mit dem Leben Christi, in dem Glanz seiner Barmherzigkeit.[214]

Ein schönes Bild! Barth schreibt an vielen Stellen seiner Werke: Alles, was wir von der Zeugung bis zum Tode erlebt und erlitten haben, wird in der Ewigkeit bewahrt und geheilt werden. Unsere gesamte Vita wird dann »nicht mehr nur als eine unlogische, wirre Abfolge« erscheinen, sondern »als ein Kunstwerk, das unter der geheimen, damals unbegriffenen und unbegreiflichen Führung Gottes stand«.[215]

Oben wurde die Schlusspartie der Erzählung ›Knulp‹ von Hermann Hesse besprochen. In diesem wunderschönen Finale wird veranschaulicht, was Barth mit der »Klarheit« meint, in der wir zuletzt unser ganzes Leben erkennen. Im

Zwiegespräch mit dem »lieben Gott« lernt der Landstreicher Knulp sein vermeintlich gescheitertes Leben mit neuen Augen zu sehen. Gerade auch seine von Schuld getrübten *Liebesbeziehungen* erscheinen im Tode aufgrund der Zuwendung Gottes in einem anderen, strahlenden Licht.

Auch in der Sicht Karl Barths ist für ein himmlisches Wiedersehen mit Freunden ohne weiteres Platz. Barth lebte in der Vorfreude auf solche Begegnungen in der Ewigkeit. Allerdings hat er damit gerechnet, auch »die anderen«, die ihm weniger sympathischen Menschen in der Ewigkeit zu treffen: um ihnen dort in neuer Weise zu begegnen. Es wird heute kaum einen Theologen geben, der Barth hier nicht zustimmen würde. Ottmar Fuchs z. B. schreibt:

> Wir werden uns wiedersehen und in die Arme schließen, aber auch die anderen, die vor und nach uns und mit uns, ohne dass wir sie kannten, gewesen sind. Und die Begegnung zwischen den Menschen wird ganzheitlich und in einer unerschöpflichen Liebe, Freiheit und Anerkennung gelebt werden.[216]

Diese Aussage ist konsensfähig in der christlichen Ökumene. In ihrer Monographie ›Ewiges Leben‹ widmet die evangelische Theologin Gerlinde Baumann der Frage »Werde ich Menschen aus diesem Leben wiedersehen?« ein eigenes Kapitel. Darin kommt sie – mit Bezug auf ein Votum der Evangelischen Kirche in Deutschland (2006) – zu dem Ergebnis:

> »Bei Christus sein«, wie Paulus in Phil[ipper] 1,23 das ewige Leben nennt, ist … kein Sein in der Isolation von anderen Menschen. Es ist vielmehr ein Sein in intensivster Kommunikation aller (…) Menschen untereinander. … Die Grenzen, die Menschen voneinander (…) scheiden, werden im ewigen Leben kein Hindernis gegenseitigen Offenbarwerdens mehr sein.[217]

Ein so verstandenes himmlisches Wiedersehen wird nichts Statisches sein, vielmehr etwas höchst Dynamisches. Denn wir haben teil an der Lebendigkeit des göttlichen Geistes, der die Menschen »sich immer wieder neu und anders und zugleich immer wieder neu beziehungsreich begegnen lässt«[218].

8. Das ewige Leben – intensivste Kommunikation

Was also erwartet uns, wenn wir gestorben sind? Der christliche Glaube sagt: Im Tod ›entschlafen‹ wir nicht, wir *erwachen* zum ewigen Leben. Was aber ist gemeint, wenn wir vom ›ewigen Leben‹ sprechen? Nach dem evangelischen Theologen Härle ist ewiges Leben im neutestamentlichen Sinn

> *erfülltes Leben*, das schon unter irdisch-geschichtlichen Bedingungen fragmentarisch möglich ist (...). Die *Hoffnung* auf ewiges Leben richtet sich darauf, dass dieses erfüllte Leben im Tod und durch den Tod hindurch *bleibt*, durch nichts mehr bedroht und in Frage gestellt werden kann und insofern *vollendet wird*.[219]

Worin besteht die *Seligkeit* dieses Lebens? In der Einheit des Menschen mit Gott, in der Freundschaft mit Jesus Christus, in der Liebesgemeinschaft der Menschen untereinander? Selbstverständlich gehören diese Aspekte zusammen! Auch Theologen wie Barth oder Rahner bejahen diesen Zusammenhang, wenngleich sie den theozentrischen Aspekt des Himmels doch stärker betonen. Akzentuierter aber als Barth oder Rahner hebt Hans Küng die *menschliche* Seite des Himmels hervor. Er definiert den Himmel zwar ebenfalls von Gott her, plädiert zugleich aber für »den Mut, zu unseren Träumen zu stehen, seien sie auch noch so privat und intim«[220].

Gewiss ist die unmittelbare Gottesschau auch nach der Auffassung Küngs der »*zentrale Inhalt* der Vollendung«, aber eben »*nicht* ihr *einziger* Inhalt«. So distanziert er sich von einer Jenseitsvorstellung, die die Gottesschau im exklusiven Sinne versteht: als »jene Form des Gottesumgangs, bei der die menschliche Persönlichkeit sich auflöst, untergeht, versinkt in dem unendlichen Einen der Gottheit«[221].

Der Einzelne wird immer wichtig bleiben. Diese Hoffnung drückt Johanna Rahner so aus:

> Gerade mit dem heute so missverständlichen Bekenntnis zur leibhaftigen Auferstehung verteidigt (...) der christliche Glaube die Einzigartigkeit und Würde des individuellen menschlichen Lebens (...). Unsere Existenz, unsere Erfahrungen, unsere Beziehungen, kurz, all das, was unser Leben zu unserem Leben macht, ist eschatologisch etwas wert. (...) Diesem allem ist die Vollendung durch Gott, das Heil, die Ewigkeit zugesagt.[222]

Im Kern dasselbe schreibt Leonardo Boff:

> Auferstehung besagt (...) die totale und erschöpfende Verwirklichung aller latent im Menschen vorhandenen Möglichkeiten, (...) Sprengung aller Fesseln und Überwindung aller Entfremdungen, die unsere irdische (...) Existenz brandmarken.[223]

Zur individuellen Person, die durch Gott vollendet wird, gehört das Beziehungsnetz dieser Person. Deshalb legt Gerlinde Baumann großen Wert auf die Unterscheidung: Jene Schranken, die der Kommunikation entgegenstehen, werden in der Ewigkeit zwar entfallen. »Gewisse Schranken aber werden bleiben: Menschen – und andere Lebewesen! – werden vermutlich nicht (...) in einer ununterscheidbaren Masse untergehen. Das würde dem widersprechen, dass wir im Leben von Gott als Einzelne angesehen und bewahrt werden.«[224]

Auch im jenseitigen Leben werde *ich persönlich* mit Gott, mit anderen Menschen, mit der ganzen Schöpfung intensivst kommunizieren. Darüber hinaus bringt Hans Küng den menschlichen *Eros* ins Spiel. So stellt sich umso dringlicher die Frage: Inwiefern wird die irdische Lebensgeschichte – zu der in der Regel die Partnerliebe gehört – in der Ewigkeit Gottes zu ihrem Recht kommen?[225] Die Liebe zwischen Mann und Frau wird im Himmel, so Küng, ›aufgehoben‹. Was könnte das konkret heißen? Darauf soll hier – mit Bezug auf den Philosophen Hegel, genauer die *dreifache Bedeutung* des Wortes ›aufheben‹ – nur andeutungsweise eingegangen werden.

9. Die irdische Vita – ›aufgehoben‹ im dreifachen Sinne

›Aufheben‹ heißt erstens ›bewahren‹, zweitens ›außer Kraft setzen‹, drittens ›hochheben‹.[226] Was im Himmel ›aufgehoben‹, d. h. für immer *bewahrt* wird, ist die Liebe: »Die Liebe hört niemals auf« (1 Kor 13,8). Was also wird von meiner Lebensgeschichte bleiben? Nach Karl Rahner: die »wahre Essenz« meines Lebens, d. h. die Liebe, die ich gegeben und die ich empfangen habe.

Was im Falle einer konkreten Person die »wahre Essenz« ihres Lebens war und was, in den Augen Gottes, nur nichtiger Müll gewesen ist, das können wir freilich nicht entscheiden. Die Aussage aber dürfen wir wagen: Was wir in wirklicher Liebe zutiefst erlebt haben, das wird bewahrt sein in der Ewigkeit.

In der zweiten Bedeutung meint ›aufheben‹ die Außerkraftsetzung. Was aber wird im Tode ›außer Kraft gesetzt‹? Nach Medard Kehl: Alles, was in die endgültige Versöhnung mit Gott »nicht integriert werden kann«. Anders gesagt: Die Mauern werden fallen, die uns getrennt haben von Gott, von uns selbst, von der Schöpfung.

Werden auch Zweierbeziehungen ›außer Kraft gesetzt‹? Einem Jesus-Wort zufolge wird im Himmel nicht mehr geheiratet werden (Mk 12,25). Das muss, wie ich meine, nicht heißen, dass es in der Ewigkeit keine besondere Liebesbeziehung mehr geben könne. Es wird allerdings heißen, dass die engen Grenzen der Institutionen aufgehoben werden: zu Gunsten einer größeren Liebe, die niemanden ausschließt. Im Anschluss an den katholischen Theologen Dietmar Mieth dürfen wir überdies hoffen: Auch Liebesgeschichten, die auf Erden nicht gelebt werden konnten, werden in der Ewigkeit zum Ziel kommen. In der Auferstehung nämlich wird offenbar werden, »wie Vorzugsliebe und allgemeine Liebe zusammengehören. Das heißt, wie ich mit all den Menschen eine neue Gemeinschaft bilde, die ich in dieser Welt nicht miteinander zugleich lieben kann.«[227] Manche Liebesbeziehungen sind hier auf der Erde nicht lebbar, weil konkurrierende Bindungen ein unüberwindliches Hindernis bilden. Andere Beziehungen sind nur zeitweilig lebbar, weil sie, aus welchen Gründen auch immer, zerbrechen. Nach Mieth jedoch wird die Auferstehung *auch die zerbrochenen* Partnerbeziehungen oder Freundschaften mit neuer Kraft erfüllen:

In der Auferstehung ist also auch mein Scheitern und alles Gute, was ich dennoch erfahren habe in der Beziehung, die zu Ende ging, so geborgen, daß alles Gute wieder aufersteht: für mich, für die beteiligten andern, für alle.

Die dritte Bedeutung von ›aufheben‹ meint die ›Erhöhung‹. Inwiefern soll die irdische Liebe ›aufgehoben‹ werden im Sinne von ›emporgehoben‹? Menschliche Existenz ist – selbst im glücklichsten Falle – ihrem Wesen nach *fragmentarisch*, nach Ganzwerdung, nach Vollendung geradezu schreiend. Vollendung aber ist keine menschliche Möglichkeit. Sie ist eine theologische Kategorie. Mit Medard Kehl wäre demnach zu sagen:

Alles das, was wir an bewahrenswerter »Frucht« unseres Lebens mit in die Vollendung bringen, wird von Gottes Liebe (...) zur vollen »Reife« gebracht (»emporgehoben«). Die Vollendung unseres Lebens ist eben unendlich mehr als nur das festgeschriebene Resultat dessen, was wir hier an Liebe gelebt und getan haben (...). Vielmehr kommt unser Leben endlich ganz zu sich, weil es ganz zu Gott gefunden hat.[228]

Die Vollendung übersteigt jede Vorahnung von Glück und Erfüllung. Wir kennen ja die Erfahrung: Jede erfüllte Sehnsucht löst eine neue, noch größere Sehnsucht aus. Diese uns bekannte Spannung von Sehnsucht und Erfüllung wird im Himmel, als Geschenk *Gottes*, ans Ziel kommen. Das Ziel ist die absolute Glückseligkeit – freilich nicht als Stillstand, sondern als dynamische Fülle, als unendliche Bewegung, gleich dem Spiel und dem Tanz.

Ich suche nach Worten und spüre – der Himmel ist unaussprechlich. Mit Worten ist das Ewige nicht zu beschreiben. Von den ›Letzten Dingen‹ können wir nur in Bildern sprechen. Reizvolle, wenn auch sehr menschliche – anthropomorphe – Bilder für die Vollendung finden wir im Jesaia-Buch: Gott ist wie eine Mutter, die ihren Sohn tröstet. Gottes Zuwendung wird mit weiblichen Brüsten verglichen, aus deren Fülle wir uns satt saugen dürfen. Unser Verlangen, unsere tiefste Sehnsucht wird für immer gestillt werden: so dass unser Herz sich freut und wir aufblühen wie frisches Gras (Jes 66,10–14).

Auch in den Evangelien begegnet uns das Reich Gottes in Bildern – in Gleichnissen wie dem reichen Fischfang, der kostbaren Perle oder dem Schatz im Acker. Vor allem auch die *Hochzeit* wird zum Symbol für den Himmel. Johannes schließlich, der Seher auf Patmos, vergleicht den Himmel, das »Neue Jerusalem«, mit einer Braut, die sich geschmückt hat für ihren Mann (Offb 21,2). Ein schöneres Bild für den Himmel kann es für mich nicht geben.

Anmerkungen

1 Fundort unbekannt
2 Karl May: Im Reiche des silbernen Löwen I. Freiburg 1898, S. 539
3 Vgl. Platon: Phaidon XXIX.
4 Ernst Bloch: Das Prinzip Hoffnung. Frankfurt a.M. 1969, S. 1299
5 Monika Renz: Zeugnisse Sterbender. Paderborn 2001, S. 12
6 Vgl. z.B. Georg Langenhorst: Zur Todes-Rede in der deutschsprachigen Gegenwartsliteratur. In: A. Hölscher/R. Kampling (Hg.): Keine Antwort. Berlin 2000, S. 147–173
7 Bericht in: Das Sonntagsblatt, 4.7.1997, Nr. 27
8 In jüngster Zeit erschienen zwei Anthologien zum Themenkreis Sterben und Auferstehung: Friederike Waller (Hg.): Alles ist nur Übergang. Tübingen 2006; Margarete Graf (Hg.): »Der Tod ist groß«. Düsseldorf 2007
9 Euripides: Alkestis. 1. Akt, 1. Szene
10 Epikur: Von der Überwindung der Furcht. Zürich 1949, S. 45
11 Aus Ludwig Feuerbach: Vorlesungen über das Wesen der Religion (1848/49)
12 Nach Georg Ried: Wesen und Werden der deutschen Dichtung. München 1961, S. 187
13 Vgl. Gunter Grimms Nachwort in: Theodor Storm: Gedichte. Stuttgart 1978, bes. S. 147ff.
14 Ried, wie Anm. 12, S. 233
15 Zit. nach: Das Herbstbuch. Hg. v. H. Bender. Frankfurt a.M. 1982, S. 65
16 Aus Rainer Maria Rilke: Das Stunden-Buch (3. Buch). Leipzig 1905
17 Jacques Monod: Zufall und Notwendigkeit. München 1971, S. 219 (zitiert nach Erwin Neu: Aus Sternenstaub. München 1997, S. 70)
18 René Oth: Gott auf dem Prüfstand. München 1982, S. 274f.
19 Paul Davies: Der Plan Gottes. Frankfurt a.M. 1995, S. 14
20 Günter Ewald: Die Physik und das Jenseits. In: H. Kessler (Hg.): Auferstehung der Toten. Darmstadt 2004, S. 139f.; die folg. Zitate ebd., S. 146f., 159, 162
21 Auch in der modernen Fantasy-Literatur spielen »Klangstrukturen« und musikalische »Parallelwelten« eine das Leben erhaltende Rolle. J. R. R. Tolkien weiß im ›Silmarillion‹ zu berichten, dass die Welt in wachsender Harmonie ›ersungen‹ und ›erklungen‹ werde: durch den Weltenschöpfer Ilúvatar und durch die Ainur, die vom ›Allvater‹ erschaffenen Heiligen. Auch C.S. Lewis lässt in seinen mythologischen ›Narnia‹-Romanen die Welt ›erklingen‹: durch den Löwen Aslan, der zwei Kinder, die es in eine ›ersungene‹ Parallelwelt verschlägt, vor der Hexe errettet.
22 Hans Ebeling (Hg.): Der Tod in der Moderne. Frankfurt a.M. 1992, S. 11ff.

23 Bernard N. Schumacher: Die philosophische Interpretation der Unsterblichkeit des Menschen. In: Kessler (Hg.), wie Anm. 20, S. 113; die folg. Zitate ebd. S. 114–120
24 Menschheitsdämmerung. Neu hg. von Kurt Pinthus. Hamburg 2003, S. 318
25 An Ernstels Todestag (29.11.1944) notierte Jünger: »Perpetua [Gretha] träumte, daß ihr der Augenzahn gezogen sei.« Zit. nach Joseph Groben: Requiem für ein Kind. Köln 2001, S. 388
26 Ebd., S. 391
27 S. Freud in einem Brief vom 26.1.1920 an seinen Schwiegersohn Max Halberstadt; zit. nach Groben, wie Anm. 25, S. 290
28 S. Freud in einem Brief vom 4.2.1920 an Sándor Ferenczi; zit. nach ebd., S. 292
29 Bertolt Brecht in: Gesammelte Werke Bd. 8. Frankfurt a.M. 1967, S. 260
30 Simone de Beauvoir: Der Lauf der Dinge. Reinbek 1963, S. 622f.; das folgende Zitat ebd.
31 Paul Celan: Psalm. In: Ders.: Die Niemandsrose. © S. Fischer Verlag GmbH, Frankfurt a.M. 1963, S. 45. Die Interpretation bezieht sich auf die ersten drei Strophen
32 Homer: Odyssee. Reinbek 1960, 9. Buch, 365f.
33 Meister Eckhart: Deutsche Predigten und Traktate. Zürich 1979, S. 355
34 Angelus Silesius: Der Cherubinische Wandersmann. Buch 1,81
35 Wolfgang Borchert: Draußen vor der Tür. In: Ders.: Das Gesamtwerk. Hamburg 1981, S. 165
36 Josef Rast: Reinhold Schneider. In: Tendenzen der Theologie im 20. Jahrhundert. Hg. von H.J. Schultz. Stuttgart u.a. 1966, S. 509
37 Reinhold Schneider: Winter in Wien. Freiburg 1973, S. 79
38 Rast, wie Anm. 36, S. 509
39 Vgl. Antoine de Saint-Exupéry: Der Kleine Prinz. Düsseldorf 1973, S. 65f.
40 Ilse Aichinger: Spiegelgeschichte. In: Dies.: Der Gefesselte. © S. Fischer Verlag GmbH, Frankfurt a.M. 1954. Hervorhebung von mir
41 Ilse Aichinger: Rede unter dem Galgen. In: Der Gefesselte (siehe Anm. 40)
42 Carl Zuckmayer: Der Rattenfänger. Theaterstücke 1961–1975. Frankfurt a.M. 1997, S. 273
43 Die folgenden Zitate aus: Hermann Hesse: Sämtliche Werke. Herausgegeben von Volker Michels, Band 3: Roßhalde, Knulp, Demian, Siddhartha. © Suhrkamp Verlag Frankfurt a.M. 2001
44 Aus: Hermann Hesse: Stufen. In: Ders.: Sämtliche Werke, Band 10: Die Gedichte. © Suhrkamp Verlag Frankfurt a.M. 2002
45 Georg Langenhorst: »Ein Haus aus Licht«. In: Religionsunterricht an höheren Schulen. 49. Jg. 2006, S. 300
46 In: Focus Nr. 47 (20.11.2006), S. 68; die folg. Zitate ebd., S. 67ff.
47 Johanna Rahner: Einführung in die christliche Eschatologie. Freiburg 2010, S. 303
48 Ebd.; Binnenzitat nach Joanne K. Rowling: Harry Potter und der Orden des Phönix. Hamburg 2003, S. 990

49 Joanne K. Rowling: Harry Potter und die Heiligtümer des Todes. Hamburg 2007, S. 337
50 J. Rahner, wie Anm. 47, S. 304
51 Rowling: Heiligtümer des Todes, wie Anm. 49, S. 731
52 Focus, wie Anm. 46, S. 67
53 Georg Büchner: Dantons Tod, 3. Akt
54 Lucius Lactantius: De ira Dei 13,19–22 (dort das Epikur-Fragment)
55 Gisbert Greshake: Warum lässt uns Gottes Liebe leiden? Freiburg 2007, S. 14; das folg. Zitat ebd., S. 10
56 Wilfried Härle: Dogmatik. Berlin/New York 2007, S. 443
57 Karl Rahner: Warum läßt Gott uns leiden? In: Schr. zur Theologie XIV. Zürich 1980, S. 463
58 Greshake, wie Anm. 55, S. 27; ebd., S. 28 das folg. Zitat
59 Ebd., S. 42 f.
60 Paul Tillich: Systematische Theologie Bd. I. Stuttgart 1951, S. 309
61 Härle, wie Anm. 56, S. 448
62 Greshake, wie Anm. 55, S. 56
63 Ebd., S. 45; das folg. Zitat ebd., S. 54
64 Walter Gross/Karl-Josef Kuschel: »Ich schaffe Finsternis und Unheil!« Mainz 1992, S. 196
65 Greshake, wie Anm. 55, S. 54 f.
66 Immanuel Kant: Über das Mißlingen aller philosophischen Versuche in der Theodizee (1791). In: Werke 9. Darmstadt 1968, S. 103–124
67 Härle, wie Anm. 56, S. 450
68 Armin Kreiner: Gott im Leid. Freiburg 1997, S. 261
69 Dietrich Bonhoeffer: Widerstand und Ergebung. München 1970, S. 394
70 Karl Rahner im Gespräch. Bd. II. München 1983, S. 245 f.
71 Greshake, wie Anm. 55, S. 87 f.
72 Ebd., S. 80; das folg. Zitat ebd., mit Verweis auf Blaise Pascal: Pensées. Paris 1987, 1212–1216
73 Mitgeteilt bei Eugen Biser: Interpretation und Veränderung. Paderborn 1979, S. 132 f.
74 Aus Werner Bergengruen: Die himmlische Rechenkunst. In: Ders.: Meines Vaters Haus. Gesammelte Gedichte. Hg. v. N. Luise Hackelsberger. © 1992, 2004 by Arche Literatur Verlag AG, Zürich–Hamburg
75 Anselm Grün: Wenn du Gott erfahren willst, öffne deine Sinne. Münsterschwarzach 2001, S. 148 ff.
76 Vgl. Rudolf Kilian: Ich bringe Leben in euch. Stuttgart 1975, S. 51 ff.
77 Nach Janko Lavrin: F.M. Dostojevskij in Selbstzeugnissen. Reinbek 1963, S. 108
78 Carl Gustav Jung: Antwort auf Hiob. In: Ges. Werke 11. Zürich/Stuttgart 1963
79 Peter Schellenbaum: Gottesbilder. München 1989, S. 114
80 Manfred Scheuer in: Der Mensch in seiner Klage. Innsbruck/Wien 2006, S. 101
81 Jean Paul: Sämtl. Werke. Abt. 1, Bd. 2. Frankfurt a. M. 1996, S. 273 f.

82 Friedrich Nietzsche: Die fröhliche Wissenschaft. In: Werke II. München 1955, S. 127

83 Heinrich Fries/Rudolf Stählin: Gott ist tot? München 1968, S. 27

84 Zum Folg. vgl. Hermann Wohlgschaft: Heute an Gott glauben. Aschaffenburg 1983, S. 37 f.

85 Bernhard Welte in: Joseph Ratzinger (Hg.): Die Frage nach Gott. Freiburg 1973, S. 25

86 Härle, wie Anm. 56, S. 454

87 Karl Rahner in: Ders./Karl-Heinz Weger: Was sollen wir noch glauben? Freiburg 1979, S. 64

88 Vgl. Jürgen Moltmann: Der gekreuzigte Gott. München 1973, S. 266

89 K. Rahner: Was sollen wir noch glauben?, wie Anm. 87, S. 63

90 Nach Jürgen Moltmann: Umkehr zur Zukunft. München/Hamburg 1970, S. 24 f.

91 Seitenangaben in ( ) beziehen sich auf Victor Hugo: Die Elenden. München 2003

92 Kindlers Neues Literatur Lexikon Bd. 8. München 1990, S. 162

93 Gabriele Wohmann in: Marianne Oesterreicher (Hg.): 22 Gespräche über Zeit und Ewigkeit. Freiburg 2003, S. 228 f.

94 Seitenangaben in ( ) beziehen sich auf Leo Tolstoi: Der Tod des Iwan Iljitsch. Stuttgart 1965

95 Vgl. oben Kap. II. 5–6

96 Vgl. Hubert Knoblauch: Berichte aus dem Jenseits. Erftstadt 2007, pass.

97 Platon: Politeia. Schlusspartie des 10. Buches

98 Zit. nach Knoblauch, wie Anm. 96, S. 54 f.

99 Vgl. Raymond Moody: Leben nach dem Tod. Reinbek 2002

100 Vgl. z. B. Michael Schröter-Kunhardt: Nah-Todeserfahrungen. In: Kessler (Hg.), wie Anm. 20, S. 182–209

101 Nach Bernard Jakoby: Geheimnis Sterben. Reinbek 2007, S. 35; die folg. Zitate ebd., S. 38 f., 47 f.

102 Karlis Osis/Erlendur Haraldsson: Der Tod – Ein neuer Anfang. Freiburg 1989

103 Renz, wie Anm. 5, S. 11

104 Nach Schröter-Kunhardt, wie Anm. 100, S. 189–197; die folg. Zitate ebd., S. 203 f.

105 Vgl. Elisabeth Kübler-Ross: Über den Tod und das Leben danach. Neuwied 1993, S. 9

106 Vgl. z. B. Hans Küng: Ewiges Leben? München/Zürich 1985, S. 36 f.; Medard Kehl: Und was kommt nach dem Ende? Mainz 2005, S. 81–85

107 Kehl: Ebd., S. 85

108 Wolfgang Beinert: Tod und jenseits des Todes. Regensburg 2000, S. 41

109 Vgl. Hos 13,14; die Ps 16,49 und 73; evtl. Ez 37,1–14

110 Beinert: Tod, wie Anm. 108, S. 41

111 Ebd., S. 42

112 Vgl. Reinhard Deichgräber: Nichts nimmt mir meinen Mut. Göttingen 2006, S. 132

113 Johann Wolfgang v. Goethe: Gespräche mit Eckermann. In: E. Beutler (Hg.): Gedenkausgabe Bd. 24. Zürich 1948, S. 115f.

114 Martin Luther: Werke. Kritische Gesamtausgabe Bd. 43. Weimar 1912, S. 481

115 Vgl. z.B. Joseph Ratzinger: Eschatologie. Regensburg 1978, S. 127–135; Oesterreicher (Hg.), wie Anm. 93, S. 146f. (Interview mit Jürgen Moltmann)

116 Härle, wie Anm. 56, S. 631 u. 635

117 Medard Kehl: Der Himmel. In: K. Berger u.a.: Bilder des Himmels. Freiburg 2006, S. 206f. (Hervorhebungen von mir); vgl. Hans Kessler: Jenseits von Fundamentalismus und Rationalismus. In: Ders. (Hg.), wie Anm. 20, S. 315f.

118 Vgl. z.B. Ulrich Lüke: Auferstehung – Im Tod? In: Kessler (Hg.), wie Anm. 20, S. 234–251

119 Kehl: Der Himmel, wie Anm. 117, S. 207

120 Bernhard Lang: Himmel und Hölle. München 2003, S. 94

121 Goethe-Handbuch. Hg. von B. Witte u.a. Bd. IV/2. Stuttgart 2004, S. 1075

122 Baruch de Spinoza: Ethik, Teil 5, Satz 23; zit. nach Lang, wie Anm. 120, S. 94

123 Werner Kittstein in einem Brief vom 4.2.2007 an mich

124 Arthur Schopenhauer: Parerga und Paralipomena § 136. In: Ders.: Werke V. Stuttgart/Frankfurt a.M. 1986, S. 318; das folg. Zitat ebd., S. 320

125 Ebd., S. 320

126 Arthur Schopenhauer: Die Welt als Wille und Vorstellung II, 1819, Kap. 46

127 Schopenhauer: Parerga, wie Anm. 124, S. 319

128 Ricarda Huch: Gebet zum Tag der Toten. In: Ges. Werke 5. Köln 1971

129 Groben, wie Anm. 25, S. 404

130 Zit. nach ebd., S. 396f.

131 Ellermann Verlag, Hamburg 1948

132 Groben, wie Anm. 25, S. 400

133 Zit. nach ebd., S. 398

134 Zit. nach ebd., S. 397

135 Zit. nach: Gotteslob. Katholisches Gebet- und Gesangbuch. Stuttgart 1975. Lied Nr. 621. © Christophorus in der Verlag Herder GmbH, Freiburg i.Br. 1973

136 Härle, wie Anm. 56, S. 455

137 Frei nach Herbert Jung in der Monatsschrift der Pallottiner ›KA+ das zeichen‹

138 Vgl. Bernhard Lang/Colleen McDannell: Der Himmel. München 1996

139 Die Griechische Anthologie 2. Berlin 1991, S. 51; das folg. Zitat ebd., S. 141

140 Aurelius Augustinus: Predigt 80,7

141 Lang/McDannell, wie Anm. 138, S. 100, mit Bezug auf Augustinus: Vom Gottesstaat 20,9

142 Nach ebd., S. 93

143 Wolfgang Beinert: Die Geschichte des Himmels. In: Berger u.a., wie Anm. 117, S. 90
144 Herbert Vorgrimler: »... und das ewige Leben. Amen!« Münster 2007, S. 88
145 Beinert: Die Geschichte des Himmels, wie Anm. 143, S. 97
146 Vorgrimler, wie Anm. 144, S. 89
147 Œuvres de Saint François de Sales. Eichstätt 1959–1983. Bd. 10, S. 240
148 Vgl. Platon: Apologie des Sokrates 41a–c; auch Ciceros ›De senectute‹ und ›De re publica‹
149 Lorenzo Valla: Von der Lust oder vom wahren Guten. München 2004
150 Beinert: Die Geschichte des Himmels, wie Anm. 143, S. 104
151 Nach Paul Gerhardt: Wach auf, mein Herz. Haan 2004; dort auch die folg. Liedverse
152 Zit. nach Petra Bahr: Paul Gerhardt. Freiburg 2007, S. 140f.
153 Matthias Claudius: Botengänge; zit. nach Walter Nigg: Der verborgene Glanz. Olten/Freiburg 1969, S. 209
154 Groben, wie Anm. 25, S. 113
155 Zit. nach ebd., S. 113; das folg. Zitat nach ebd., S. 115
156 Hans Wollschläger: Gedichte von Rückert. Königsberg 1999, S. 12; das folg. Zitat ebd., S. 12f.
157 Zit. nach Groben, wie Anm. 25, S. 130
158 Die Erzählung wurde mehrfach dramatisiert und verfilmt. 1975 inszenierte Kurt Wilhelm das Werk für das Residenztheater in München unter dem Titel ›Der Brandner Kaspar und das ewig' Leben‹. Diese ausgeschmückte Version wird jährlich an Allerheiligen im Bayerischen Fernsehen gesendet.
159 Fjodor M. Dostojewski: Die Brüder Karamasoff. München o.J., S. 964; das folg. Zitat ebd.
160 Karl Noetzel: Das Leben Dostojewskis. In: Dostojewski, wie Anm. 159, S. 975
161 Dazu Groben, wie Anm. 25, S. 229–233
162 Gerhart Hauptmann: Hanneles Himmelfahrt. Berlin 39.–48. Aufl. 1922, S. 36
163 Vgl. J. Rahner, wie Anm. 47, S. 196–200
164 Nach Duden. Etymologie der deutschen Sprache. Mannheim u.a. 2006, S. 478f.
165 Kehl: Und was kommt nach dem Ende?, wie Anm. 106, S. 146
166 Kessler, wie Anm. 117, S. 325
167 Thomas Mann: Buddenbrooks. Darmstadt 1951, S. 788
168 Vgl. z.B. Mitch Albom: Die fünf Menschen, die dir im Himmel begegnen. München 2005; William Paul Young: Die Hütte. Berlin 2009
169 Seitenangaben in ( ) beziehen sich auf Ottmar Fuchs: Das Jüngste Gericht. Regensburg 2007
170 Anselm Grün: Was kommt nach dem Tod? Münsterschwarzach 2008, S. 72ff.
171 Vgl. oben Kap. II.6
172 Vgl. – neben anderen Texten des Vatikanum II – die Konstitution über die Kirche (Kap. 16)

173 Joseph Ratzinger: Einführung in das Christentum. München 1968, S. 248
174 Vgl. Ratzinger: Eschatologie, wie Anm. 115, S. 176–179
175 George. Die Autobiografie eines Engels. Aufgez. von James Jennings. Augsburg 1996, S. 95
176 Die folg. Zitate nach Oesterreicher, wie Anm. 93, S. 13–25
177 Jakoby, wie Anm. 101, S. 143 f.; dort auch das folg. Zitat
178 Ebd., S. 146; das folg. Zitat ebd., S. 148
179 Grün, Was kommt nach dem Tod, wie Anm. 170, S. 108
180 Nach Annette von Droste-Hülshoff: Sämtliche Werke 1. Darmstadt 1998, S. 533 u. 970
181 Johann Wolfgang Goethe: Die Leiden des jungen Werthers. Frankfurt a. M. 1994, S. 118
182 Karl May: »Weihnacht!«. Freiburg 1897, S. 165; das folg. Zitat ebd.
183 Karl May: Old Surehand III. Freiburg 1896, S. 151; zur Interpretation vgl. Hermann Wohlgschaft: Karl May. Bargfeld 2005, S. 944–947
184 Nach Diethard Sawicki: Leben mit den Toten. Paderborn 2002, S. 311; die folg. Zitate ebd., S. 316 u. 320 f.
185 Vgl. Wolfgang Hund: Okkultismus. Mülheim 1996
186 Fuchs, wie Anm. 169, S. 213
187 Grün: Was kommt nach dem Tod?, wie Anm. 170, S. 111; das folg. Zitat ebd., S. 113
188 Gottfried Bachl: Spuren im Gesicht der Zeit. Salzburg 2008, S. 80
189 Dietrich Bonhoeffer: Widerstand und Ergebung. München 1966, S. 124 ff.
190 Zit. nach Bernhard Lang: Die himmlische Hintertreppe. In: Religionsunterricht, wie Anm. 45, S. 290
191 Dorothee Sölle: Gegenwind. Erinnerungen. Hamburg 1995, S. 303
192 Werner Thiede: Mystik im Christentum. Frankfurt a. M. 2009, S. 226
193 Hans Torwesten: Sind wir nur einmal auf Erden? Freiburg 1983, S. 21 f.; zit. nach Kehl: Und was kommt nach dem Ende?, wie Anm. 106, S. 51 f.
194 Kehl: Ebd., S. 65
195 Grün: Was kommt nach dem Tod?, wie Anm. 170, S. 133
196 Kehl: Und was kommt nach dem Ende?, wie Anm. 106, S. 66
197 Gisbert Greshake: Leben – stärker als der Tod. Freiburg 2008, S. 156
198 Kehl: Und was kommt nach dem Ende?, wie Anm. 106, S. 78
199 Greshake: Leben, wie Anm. 197, S. 154
200 Vgl. z. B. Beinert: Tod, wie Anm. 108, S. 100–104
201 Jakoby, wie Anm. 101, S. 156
202 Kehl: Und was kommt nach dem Ende?, wie Anm. 106, S. 73 f.
203 Franz-Josef Nocke: Der Glaube an die Auferstehung. In: Kessler (Hg.), wie Anm. 20, S. 291
204 Karl Rahner im Gespräch. München 1983. Bd. II, S. 122
205 Nach Karl Rahner: Schriften zur Theologie IV. Einsiedeln 1964, S. 429; Rahner bezieht sich auf eine ironische Bemerkung bei Ludwig Feuerbach: Werke I. Frankfurt 1975, S. 98
206 Karl Rahner: Schriften zur Theologie X. Zürich 1972, S. 186

207 Karl Rahner: Erfahrungen eines katholischen Theologen. In: Vor dem Geheimnis Gottes den Menschen verstehen. München 1984, S. 118 f.; die folg. Zitate ebd., S. 119
208 Lang: Hintertreppe, wie Anm. 190, S. 292, mit Bezug auf Fridolin Stier: Vielleicht ist irgendwo Tag. Freiburg/Heidelberg 1981, S. 174
209 Karl Rahner: Schriften zur Theologie III. Einsiedeln 1964, S. 187 f.
210 Nocke, wie Anm. 203, S. 291 f.
211 Nach Luise Rinser: Gratwanderung. München 1994, S. 108 u. 419
212 Karl Barth: Kirchliche Dogmatik III/2. Zollikon/Zürich 1948, S. 760
213 Karl Barth: Briefe 1961–1968. Zürich 1979, S. 9
214 Karl Barth: Das Glaubensbekenntnis der Kirche. Zürich 1967, S. 153
215 Lang: Himmel und Hölle, wie Anm. 120, S. 114, im Anschluss an Karl Barth
216 Fuchs, wie Anm. 169, S. 179
217 Gerlinde Baumann: Ewiges Leben. Freiburg 2010, S. 101
218 Fuchs, wie Anm. 169, S. 179
219 Härle, wie Anm. 56, S. 646
220 Küng: Ewiges Leben, wie Anm. 106, S. 185; das folg. Zitat ebd., S. 276 f.
221 Friedrich Heiler: Das Gebet. München 1918, S. 249
222 J. Rahner, wie Anm. 47, S. 260 f.
223 Leonardo Boff: Was kommt nachher? Kevelaer 2009, S. 21
224 Baumann, wie Anm. 217, S. 102
225 An anderer Stelle werde ich auf diese spezielle Frage ausführlich eingehen; dazu Hermann Wohlgschaft: Partnerliebe – wie auf Erden, so im Himmel? Unveröff. Manuskript
226 Vgl. Kehl: Und was kommt nach dem Ende?, wie Anm. 106, S. 148 f.
227 Dietmar Mieth: Das gläserne Glück der Liebe. Freiburg 1992, S. 152; das folg. Zitat ebd.
228 Kehl: Der Himmel, wie Anm. 117, S. 221

Personenregister